Kauderwelsch
Band 90

© PE

Impressum

Lars Kabel
Irisch-Gälisch – Wort für Wort
erschienen im
REISE KNOW-HOW Verlag Peter Rump GmbH
Osnabrücker Str. 79, D-33649 Bielefeld
info@reise-know-how.de

9., neu bearbeitete und verbesserte Auflage 2013

Bearbeitung Josef Overberg, Claudia Schmidt
Layout Kerstin Belz
Layout-Konzept Günter Pawlak, FaktorZwo! Bielefeld
Umschlag Peter Rump, (Coverfoto: Gunda Urban)
Kartographie Iain Macneish
Fotos Lars Kabel, Astrid Fieß (fk), (S. 8, 35, 90, 96, 98, 114, 127, 146 155, 192); Gunda Urban (GU), (S. 169); Peter Rump (PR), (S. 1); Fotografen@Fotolia.com (S. 40, 76, 174, Namen am jew. Foto).
Druck und Bindung Werbedruck GmbH Horst Schreckhase, Spangenberg

ISBN 978-3-89416-797-4
Printed in Germany

Kauderwelsch

Lars Kabel

Irisch-Gälisch

Wort für Wort

für Astrid

Kauderwelsch-Sprechführer sind anders!

Warum? Weil sie Sie in die Lage versetzen, wirklich zu sprechen und die Leute zu verstehen.

Wie wird das gemacht? Abgesehen von dem, was jedes Sprachbuch bietet, nämlich Vokabeln, Beispielsätze usw., zeichnen sich die Bände der Kauderwelsch-Reihe durch folgende Besonderheiten aus:

Die **Grammatik** wird in einfacher Sprache so weit erklärt, dass es möglich wird, ohne viel Paukerei mit dem Sprechen zu beginnen, wenn auch nicht gerade druckreif.

Alle Beispielsätze werden doppelt ins Deutsche übertragen: zum einen **Wort-für-Wort**, zum anderen in „ordentliches" Hochdeutsch. So wird das fremde Sprachsystem sehr gut durchschaubar. Denn in einer fremden Sprache unterscheiden sich z. B. Satzbau und Ausdrucksweise recht stark vom Deutschen. Ohne diese Übersetzungsart ist es so gut wie unmöglich, schnell einzelne Wörter in einem Satz auszutauschen.

Die **Autorinnen** und **Autoren** der Reihe sind Globetrotter, die die Sprache im Land selbst gelernt haben. Sie wissen daher genau, wie und was die Leute auf der Straße sprechen. Deren Ausdrucksweise ist nämlich häufig viel einfacher und direkter als z. B. die Sprache der Literatur oder des Fernsehens.

Besonders wichtig sind im Reiseland **Körpersprache**, **Gesten**, **Zeichen** und **Verhaltensregeln**, ohne die auch Sprachkundige kaum mit Menschen in guten Kontakt kommen. In allen Bänden der Kauderwelsch-Reihe wird darum besonders auf diese Art der nonverbalen Kommunikation eingegangen.

Kauderwelsch-Sprechführer sind keine Lehrbücher, aber viel mehr als Sprachführer! Wenn Sie ein wenig Zeit investieren und einige Vokabeln lernen, werden Sie mit ihrer Hilfe in kürzester Zeit schon Informationen bekommen und Erfahrungen machen, die „sprachlosen" Reisenden verborgen bleiben.

Inhalt

© fk

Typisches irisches Dorf

Vorwort

Irland ist ein beliebtes Reiseland. Wenn man sein Schulenglisch noch einigermaßen parat hat, dann treten, hat man sich erst in die irischen Akzente des Englischen eingehört, eigentlich keine besonderen Sprachprobleme auf. Doch trifft man auf Straßenschildern, in den Medien, in der traditionellen irischen Musik, in bestimmten Pubs und Cafés in Städten wie Dublin, Galway und Belfast sowie an einigen Dörfern entlang der Süd- und Westküste auf eine Sprache, die mit dem Englischen nichts zu tun hat und laut irischer Verfassung sogar die erste Nationalsprache ist: das Irische, auch als Gälisch bezeichnet.

Auch wenn man mit Englisch sehr weit kommt, so gewähren einige Kenntnisse im Irischen doch Zugang zu einem Bereich irischer Kultur, der den meisten Ausländern verschlossen bleibt. Irisch ist nicht nur die Muttersprache der Menschen in den sogenannten Gaeltacht-Gebieten, sondern wird von allen Bürgern und Bürgerinnen der Republik Irland sowie von vielen Menschen in Nordirland in der Schule gelernt. Mittlerweile gibt es eine lebendige und moderne irischsprachige Kultur inner- und außerhalb der Gaeltacht-Gebiete. Wenn Sie ein wenig Zeit investieren, werden Sie nicht nur viele in Irland auch im Englischen gebräuchliche irischsprachige Begriffe verstehen und aussprechen können, sondern auch mit Muttersprachlern und irischen Lernern des Gälischen einfache Unterhaltungen führen können.

Viel Freude beim Lernen und auf der grünen Insel: Go n-éirí leat!

Lars Kabel

Hinweise zur Benutzung

Der Kauderwelsch-Band „Irisch-Gälisch" ist in drei wichtige Abschnitte gegliedert:

Grammatik

Die Grammatik beschränkt sich auf das Wesentliche und ist so einfach gehalten wie möglich. Deshalb sind auch nicht sämtliche Ausnahmen und Unregelmäßigkeiten der Sprache erklärt. Wer nach der Lektüre gerne noch tiefer in die Grammatik der irischen Sprache eindringen möchte, findet im Anhang eine Bücherliste mit weiterführenden Lehrbüchern. Man kann die Grammatik auch überspringen und sofort mit dem Konversationsteil beginnen. Tauchen dann noch Fragen auf, kann man immer noch in der Grammatik nachsehen.

Hören Sie sich Aussprachebeispiele mit Ihrem Smartphone an! Ausgewählte Kapitel im Konversationsteil sind dafür mit einem QR-Code ausgestattet.

Konversation

Im Konversationsteil finden Sie Sätze aus der Alltagssprache, die Ihnen einen ersten Eindruck davon vermitteln sollen, wie die irische Sprache „funktioniert", und die Sie auf das vorbereiten sollen, was Sie später in Irlands Gaeltacht-Gebieten hören werden. Mit Hilfe der Wort-für-Wort-Übersetzung können Sie bald eigene Sätze bilden. Sie können die Beispielsätze als Fundus von Satzschablonen und -mustern benutzen, die Sie selbst Ihren Bedürfnissen anpassen. Um Ihnen das zu erleichtern, ist ein erheblicher Teil der Beispielsätze nach allgemeinen Kriterien geordnet („begrüßen", „verabschieden", „bitten", „danken" usw.). Mit einem bisschen Kreativität und Mut können Sie sich neue Sätze „zusammenbauen", auch wenn das Ergebnis nicht immer grammatikalisch perfekt ausfällt.

Wort-für-Wort-Übersetzung

Jede Sprache hat ein typisches Satzbaumuster. Um die sich vom Deutschen unterscheidende Wortfolge irischer Sätze zu verstehen, ist die Wort-für-Wort-Übersetzung in kursiver Schrift gedacht. Jedem irischen Wort entspricht ein Wort in der Wort-für-Wort-Übersetzung. Wird ein irisches Wort im Deutschen durch zwei Wörter übersetzt, werden diese zwei Wörter in der Wort-für-Wort-Übersetzung mit einem Bindestrich verbunden:

original Irisch:	**Ólaim bainne.**
Lautschrift:	oolim banʲė
Wort für Wort:	*trinke-ich Milch*
Übersetzung:	Ich trinke Milch.

Hinweise zur Benutzung

Werden in einem Satz mehrere Wörter angegeben, die man untereinander austauschen kann, steht ein Schrägstrich:

Is as an nGearmáin / an Eilvéis / an Ostair mé.
is as ė' ngärėmåin / ėn elveesch / ėn ostėir mee
bin aus das Deutschland / die Schweiz / das Österreich ich
Ich komme aus Deutschland / der Schweiz / Österreich.

Im Irischen gibt es keine Unterscheidung zwischen „du" und „Sie". Daher wird die Anrede in diesem Sprachführer mal mit „Sie", mal mit „du" übersetzt, was nicht als Respektlosigkeit zu verstehen ist!

Einige irische Wörtchen kann man nicht übersetzen. Sie werden in der Wort-für-Wort-Übersetzung mit „*P*" (Abkürzung für „Partikel") markiert. Diese Partikeln haben keine eigene Wortbedeutung. Die Fragepartikel („*FP*") macht einen Aussagesatz zur Frage:

Bhí sé go deas.
vii schee go diäs
war es P nett
Es war nett.

An bhfuil Gaeilge agat?
ė' wil gueelgė agėt
FP ist Irisch bei-du
Sprichst du Irisch?

Die hochgestellte Zahl 2 „2" nach einem Wort in der Wort-für-Wort-Übersetzung bedeutet, dass dieses im Irischen im 2. Fall (Genitiv) gebeugt ist. Will man dieses Wort austauschen, wird auch das neue Wort im 2. Fall gebeugt.

Bhí an Gearmánach ag foghlaim Gaeilge.
vii 'n gärėmånė~~ch~~ eg foolėim gueelgė
war der Deutsche bei Lernen Irisch²
Der Deutsche lernte Irisch.

Im Irischen fallen in der Aussprache oftmals Laute weg, was in der Lautschrift durch den Apostroph (') angezeigt wird. Für die Aussprache selber hat er keine Bedeutung.

Cén chaoi a bhfuil tú?
kee'chii' wil tuu
was-die Weise die bist du
Wie geht es dir / Ihnen?

Wörterlisten

Die Wörterlisten am Ende des Buches helfen Ihnen dabei. Sie enthalten einen Grundwortschatz von je ca. 700 Wörtern Deutsch-Irisch und Irisch-Deutsch, mit denen man schon eine ganze Menge anfangen kann.

Umschlagklappe

Die Umschlagklappe hilft, die wichtigsten Sätze und Formulierungen stets parat zu haben. Hier finden sich außerdem die wichtigsten Angaben zur Aussprache und die Abkürzungen, die in der Wort-für-Wort-Übersetzung und in den Wörterlisten verwendet werden; weiterhin eine kleine Liste der wichtigsten Orts-, Richtungs- und Zeitangaben. – Denn wer ist nicht schon einmal aufgrund missverstandener Gesten im fremden Land auf die falsche Fährte gelockt worden?

Aufgeklappt ist der Umschlag eine wesentliche Erleichterung, da nun die gewünschte Satzkonstruktion mit dem entsprechenden Vokabular aus den einzelnen Kapiteln kombiniert werden kann.

Seitenzahlen

Um Ihnen den Umgang mit den Zahlen zu erleichtern, wird auf jeder Seite die Seitenzahl auch in Irisch-Gälisch angegeben.

Das irische Gälisch

Das Walisische, das (ausgestorbene, aber teils wieder belebte) Kornische in Cornwall sowie das Bretonische bilden den britannischen Zweig der keltischen Sprachen. Dagegen gehören das irische und das schottische Gälisch zum „goidelischen" Zweig.

Die gälische Sprache Irlands gehört zum keltischen Zweig der indoeuropäischen Sprachfamilie. Während keltische Sprachen wie das Gallische, die auf dem Festland gesprochen wurden, bereits um Christi Geburt ausstarben, werden in Irland, Schottland, Wales und der Bretagne noch heute keltische Sprachen gesprochen, die aber alle Minderheitensprachen sind.

Die Geschichte des Gälischen beginnt in Irland, von wo aus Iren Teile Schottlands besiedelten. Im Lauf der Jahrhunderte entfernte sich die Sprache dieser Gegenden zunehmend voneinander, so dass man heutzutage von zwei selbstständigen Sprachen spricht. Die gälische Sprache Irlands wird meist als Irisch bezeichnet. Irisch ist dem Schottisch-Gälischen sehr ähnlich. Sprecher dieser beiden Sprachen können einfache Unterhaltungen miteinander führen, während es unmöglich ist, mit Irisch-Kenntnissen Walisisch, Bretonisch oder Kornisch zu verstehen.

Zu allen hier erwähnten keltischen Sprachen, abgesehen vom Gallischen, gibt es eigene Kauderwelsch-Bände.

Die ältesten Zeugnisse der irischen Sprache sind Ogham-Steine, auf denen längs den Kanten Striche mit verschiedenen Lautwerten eingeritzt sind. Größtenteils stehen auf den Ogham-Steinen nur Eigennamen. Vermutlich hatten sie Denkmalfunktion, zeigten Landbesitz an und dienten als Grabsteine.

Englisch kam mit den Anglo-Normannen im 12. Jahrhundert erstmals nach Irland, wurde aber nur von wenigen Menschen gesprochen. Nachdem kriegerische Konflikte im 17. Jahrhundert zur Folge hatten, dass die katholische, irischsprachige Elite größtenteils durch englischsprachige Anglikaner ersetzt wurde, entwickelte sich Englisch zur Sprache der oberen Gesellschaftsschichten der Insel. Zwar sprach noch bis ins 19. Jahrhundert hinein die Mehrheit der Bevölkerung Irisch, doch war die Sprache im Bewusstsein der Bewohner Irlands eng mit Armut verbunden, während Englisch für sozialen Aufstieg stand. Die Einführung der Schulpflicht im Jahr 1831 – unterrichtet wurde ausschließlich auf Englisch – sowie die Hungersnot zwischen 1845 und 1849, die die irischsprachige Bevölkerung am härtesten traf, waren Faktoren, die die Anglisierung der Insel beschleunigten.

Während der Gebrauch der Sprache zu dieser Zeit also deutlich zurück ging, begannen sich im Zuge der Romantik Gelehrte für die irische Sprache zu interessieren. Zudem wurde für die neu entstehende nationalistische Bewegung das Irische ein wichtiges Symbol nationaler Identität. Nur mit einer eigenen Sprache, so das Argument der Nationalisten, könne Irland den Anspruch erheben, eine echte Nation zu sein.

1922 erlangten 26 der 32 irischen Counties die Unabhängigkeit von Großbritannien. Die Re-Gälisierung Irlands wurde Staatsziel und

Mit der Christianisierung im 5. Jahrhundert begannen die Iren zu schreiben, zunächst auf Latein. Aber noch vor allen anderen Völkern Europas, etwa seit dem 6. Jahrhundert, schrieb man in der eigenen Volkssprache. Geschrieben wurde von Mönchen in den Klöstern. Recht unbekannt ist die reiche heroische Literatur der Insel, etwa das Epos Táin Bó Cuailnge *(Der Rinderraub von Cooley) oder die Abenteuer von* Fionn Mac Cumhaill *und seiner Kriegerschar, der* Fianna.

das Irische 1937 sogar zur ersten Nationalsprache erklärt. Nur gab es weder eine Standardsprache noch eine einheitliche Schreibweise. Die wenigen, die noch auf Irisch schrieben, orientierten sich an einem alten, von der gesprochenen Sprache weit entfernten gälischen Orthographie- und Grammatiksystem. 1953 wurde eine Standard-Grammatik veröffentlicht, die Elemente aller Dialekte enthält.

Da die irischsprachigen Gebiete mittlerweile räumlich voneinander getrennt sind, haben sich die einzelnen Dialekte weit voneinander entfernt. Die großen Dialekte, die wiederum untergeordnete Varianten haben, sind das Ulster-Irisch im County Donegal, das Connacht-Irisch in den Counties Galway und Mayo sowie das Munster-Irisch in den Counties Waterford, Cork und Kerry.

In der Republik Irland ist Irisch ein Pflichtfach an den Schulen. Die Gegenden, in denen noch Irisch gesprochen wird, die sogenannten Gaeltacht-Gebiete, auch zusammen als „die Gaeltacht“ bezeichnet, haben einen besonderen Status, und der Staat bemüht sich durch wirtschaftliche Förderung, das Irische dort zu erhalten. Der Schulunterricht in der Gaeltacht wird auf Irisch abgehalten, und sämtliche Straßenschilder sind zur Verwirrung der Touristen rein irischsprachig, während sie im Rest der Republik zweisprachig gehalten sind. Durch den landesweit hörbaren Radiosender Raidió na Gaeltachta werden Lokalprogramme aus allen Gaeltacht-Gebieten und in allen Dialekten ausgestrahlt. Daneben gibt es seit 1996 den Fernsehsender TG4, der sich an Muttersprachler wie auch an Menschen, die Irisch gelernt haben oder noch lernen, richtet.

In der ethnisch und konfessionell gespaltenen Gesellschaft Nordirlands galt Irisch lange als ein exklusives Symbol der katholischen, sich mit einem vereinten irischen Nationalstaat identifizierenden Bevölkerung und wird in der Regel auch nur in katholischen Schulen unterrichtet. Im Rahmen des nordirischen Friedensprozess ist jedoch die Tendenz zu beobachten, dass manche kulturellen Symbole ihre bedrohliche Wirkung für die jeweils andere Seite verlieren. So gibt es nun unter nordirischen Protestanten ein zumindest vorsichtiges Interesse für die irische Sprache.

In beiden Teilen der Insel versuchen einige Iren den Schritt der Re-Gälisierung für sich persönlich oder auch in der Familie durchzuführen. So gibt es vor allem im Einzugsbereich der Städte irischsprachige Schulen, Gaelscoileanna, in denen nach einem Irisch-Intensivprogramm sämtlicher Unterricht auf Irisch abgehalten wird. Pubs, in denen man zum Irischsprechen angehalten wird, die Zeitung Lá in Belfast und der Sender Raidió na Life in Dublin, all dies sind weitere kulturelle Manifestationen einer städtischen gälischen Subkultur. Irischsprachige Literatur wird übrigens zu einem Großteil außerhalb der Gaeltacht gelesen.

Natürlich verändert sich die irische Sprache durch die Dominanz des Englischen. Auch in der Gaeltacht kommt niemand darum herum, täglich Englisch zu sprechen, etwa beim Arzt oder beim Einkauf in der nächsten größeren Ortschaft. Viele Begriffe des modernen Lebens existieren im Irischen nicht, weshalb Muttersprachler in diesem Fall auf englische Wörter zurückgreifen. Sprachaktivisten in den Städten benutzen hingegen oft

In diesem Kauderwelsch-Band habe ich mich nach der Standard-Grammatik gerichtet, die überall verstanden wird. In Aussprache und Wortschatz gebe ich vor allem den Dialekt Connachts wieder, führe aber wichtige Dialektvariationen auf, so dass man sich auch auf die anderen Dialekte einstellen kann.

künstliche Neuschöpfungen (z.B. idirghréasán für „Internet“), die teilweise in den Wörterbüchern aufgelistet sind, aber in der Gaeltacht nicht verstanden und oft verächtlich als „Book-Irish“ abgetan werden.

Alphabet

Das irische Alphabet hat 18 Buchstaben. Buchstabiert wird gewöhnlich auf Englisch.

a b c d e f g h i l m n o p r s t u

Die Selbstlaute können durch ein Akzentzeichen gelängt werden, also: á, é, í, ó, ú.

Irisch wurde über Jahrhunderte mit der mittelalterlichen gälischen Schrift geschrieben. Etwa seit den 1950er Jahren ist man zur international gebräuchlichen „Antiqua“-Schrift übergegangen. Allerdings wird die gälische Schrift auch heute noch häufig zu dekorativen Zwecken genutzt. Traditionell wird übrigens statt eines h auch ein Punkt über den vorhergehenden Buchstaben gesetzt – ċ statt ch.

Die Buchstaben j, k, q, v, w, x, y, z können in einigen wenigen Lehnwörtern auftauchen, die generell aber nur in Wörterbüchern stehen und von Muttersprachlern selten benutzt werden.

die traditionelle gälische Schrift

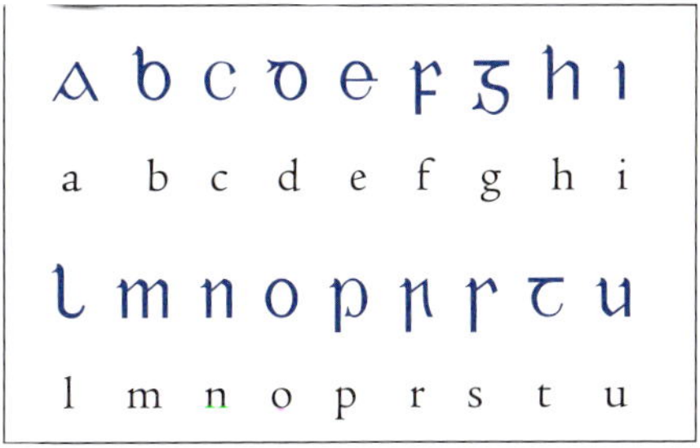

Lautschrift & Aussprache

Wie bereits im Zusammenhang mit der Dialektproblematik erwähnt, kann die in der Lautschrift wiedergegebene Aussprache je nach Region und Dialekt abweichen.

Die Schreibweise des Irischen ist sehr kompliziert und weicht oft ziemlich stark von der Aussprache ab. Daher werden im vorliegenden Band „Irisch-Gälisch“ alle Wörter und Sätze auch mit einer Lautschrift wiedergegeben, die es dem Lernenden ermöglicht, sofort zu sprechen. Die Lautschrift ist möglichst eng an das Deutsche angelehnt; lediglich die Sonderzeichen å, ė, ~~ch~~ und ~~chr~~ sowie die hochgestellten Buchstaben ^{j}, ^{i} und ^{u} werden benötigt.

Selbstlaute (Vokale)

a	wie „a“ in „Sack“ **mac** mak (Sohn)
å	langes offenes „o“ wie „aw“ in engl. „law“ **tá** tå (sein)
ä	wie „ä“ in „Kälte“ **bean** bän (Frau)
e	kurzes offenes „e“ wie in „bellen“ **ceist** kescht (Frage)
ee	langes geschlossenes „e“ wie „Beet“ **mé** mee (ich)
ė	wie auslautendes dumpfes „e“ in „Flöte“ **mála** målė (Tasche)
i	kurzes „i“ wie in „Kiste“ **cinnte** kintė (sicher)
ii	langes „i“ wie in „nie“ **bí** bii (sei!)

o	kurzes offenes „o" wie in „Socke" **seo** scho (dieser)
oo	langes geschlossenes „o" wie in „Boot" **mór** moor (groß)
u	kurzes „u" wie in „Kutte" **dubh** duw (schwarz)
uu	langes „u" wie in „Schuh" **tú** tuu (du)

Als helle Selbstlaute gelten e und i, als dunkle Selbstlaute a, o und u.

Doppelselbstlaute (Diphthonge)

iė	„i" und auslautendes „e", etwa wie „iehe" in „fliehen" **bliain** bliėn (Jahr)
ai	wie „ai" in „Hai" **radharc** rairk (Aussicht)
au	wie „au" in „Tau" **Samhain** saun (November)
uė	„u" + auslautendes „e", wie „uhe" in „Ruhe" **fuar** fuėr (kalt)

Mitlaute (Konsonanten)

Die Iren unterscheiden zwischen „schlanken" und „breiten" Mitlauten: caol bzw. leathan. Auch im Deutschen gibt es teilweise diesen Unterschied. Offensichtlich wird er beim

Kauderwelsch-AusspracheTrainer

*Falls Sie sich die wichtigsten irischen Sätze, die in diesem Buch vorkommen, einmal von einem Iren gesprochen anhören möchten, kann Ihnen Ihre Buchhandlung den **AusspracheTrainer** zu diesem Buch besorgen. Sie bekommen ihn – als Audio-CD oder als MP3-Download – auch über unseren Internetshop **www.reise-know-how.de** Alle Sätze, die Sie auf dem **Kauderwelsch-AusspracheTrainer** hören können, sind in diesem Buch mit einem 👂 gekennzeichnet.*

„ch"-Laut in „ich" gegenüber dem in „Bach". Der erste „ch"-Laut ist „schlank", der zweite ist „breit". Weniger offensichtlich ist der Unterschied bei anderen Mitlauten. Im Deutschen muss einem dieser Unterschied auch nicht bewusst sein, im Irischen dagegen ist er bedeutungsunterscheidend und tritt, mit Ausnahme des h, bei allen Mitlauten auf.

Im Irischen können helle Selbstlaute (e, i) „breiten" Mitlauten, und dunkle Selbstlaute (a, o, u) „schlanken" Mitlauten direkt folgen. Folgt hingegen einem „schlanken" Mitlaut ein dunkler Selbstlaut, entsteht dazwischen ein Gleitlaut, der wie ein „j" klingt und als hochgestelltes ^{j} dargestellt wird. Zwischen einem „breiten" Mitlaut und einem hellen Selbstlaut wird ebenfalls ein Gleitlaut eingefügt, der etwa wie ein kurz angedeutetes „u" klingt und in der Lautschrift als hochgestelltes ^{u} dargestellt wird. Zum Beispiel:

„breites" b + o:	**bó**	boo	(Kuh)
„schlankes" b + o:	**beo**	b^{j}oo	(lebendig)
„breites" b + i:	**buí**	b^{u}ii	(gelb)
„schlankes" b + i:	**bí**	bii	(sei!)

Nicht immer ist der Gleitlaut jedoch so deutlich, oft gibt es nur ein leicht angedeutetes, für uns kaum hörbares „i". Dieser Laut ist aber dennoch wichtig, denn nur so unterscheidet man z.B. bád båd (Boot) von der Mehrzahlform báid bå^{i}d (Boote).

Wenn man einmal langsam die Städtenamen „Bochum" und „Bielefeld" ausspricht und dabei den unterschiedlichen Klang des Lautes „b" vergleicht, stellt man fest: Das „b" in „Bochum" ist „breit", da es sich bereits auf den folgenden dunklen Selbstlaut „o" vorbereitet und dessen Tönung vorwegnimmt. Beim „b" in „Bielefeld" setzt man hingegen schon zum hellen Selbstlaut „i" an, wodurch es „schlank" wird.

j	wie das „i“ in „rabiat“ **beo** b^{j}oo (lebendig)
i	leicht angedeutetes „i“ **báid** bå^{i}d (Boote)
u	wie das „u“ in „pfui“ **naoi** n^{u}ii (neun)

Die meisten Mitlaute werden ungefähr wie im Deutschen ausgesprochen. In der folgenden Liste stehen alle diejenigen Laute (nach der Lautschrift), die eine Erklärung benötigen.

ch	weiches „ch“ wie in „ich“ **deich** dech (zehn)
~~ch~~	raues „ch“ wie in „Bach“ **loch** lo~~ch~~ (See)
~~chr~~	zwischen rauem „ch“ und „r“ **dhá** ~~chr~~å (zwei)
h	wie „h“ in „Hase“ **hata** hatė (Hut)
j	wie „j“ in „Jugend“ **Ghiúdach** juudė~~ch~~ (jüdisch)
ng	wie „ng“ in „sang“ **sa nGearmáin** sa ngärėmå^{i}n (in Deutschland)
r	gerolltes Zungenspitzen-R **rothar** rohėr (Fahrrad)
s	stimmloses „s“ wie in „Bus“ **snámh** snåw (schwimmen)
sch	stimmloses „sch“ wie in „Schule“ **seoladh** schoolė (Adresse)

v	„w“, wie „v“ in „Violine“ **bhí** vii (war)
w	Halblaut zwischen „u“ und „w“, wie das „w“ in engl. „water“ **bhur** wur (euer)

Das Irische wird schnell gesprochen, und die Worte verschmelzen oft miteinander. So wird:

Más é do thoil é.
måsch ee do ho'l ee
wenn-ist es dein Wille es
Bitte.

Wenn Laute „verschluckt“, also nicht gesprochen werden, steht an dieser Stelle das Auslassungszeichen ('). Für dieAussprache selber hat es jedoch keine Bedeutung.

... eigentlich „måscheedoho'lee“ ausgesprochen. Im folgenden Satz verschmelzen sé schee (er) und ag eg (bei) zu „schee'g“.

Tá sé ag ól.
tå schee'g ool
ist er bei Trinken
Er trinkt gerade.

Ausgesprochen wird dieser ganze Satz tatsächlich aber wie tåscheegool, so als bestände er nur aus einem einzigen Wort.

Betonung & Schreibweise

Die Betonung liegt im Irischen meistens auf der ersten Silbe. In den wenigen Ausnahmefällen wird die betonte Silbe unterstrichen, wie z.B. in anseo ėnscho (hier).

Irische Wörter erscheinen wegen ihrer verwirrenden Schreibweise oft nicht aussprechbar. Dieser Umstand ist nicht etwa auf einen Mangel an Logik zurückzuführen, sondern eher darauf, dass die Wörter oft noch nach mittelalterlicher Aussprache geschrieben werden.

Hier ein Beispiel: leabhar (Buch) wurde sicherlich einmal „lävėr“ ausgesprochen. Heute heißt es aber l^{i}aur in Munster und Connacht, aber l^{i}oor in Ulster. Deshalb kann man sich auch auf keine moderne Schreibweise einigen.

Vokalübereinstimmung

In der irischen Sprache gibt es, wie erwähnt, „breite“ und „schlanke“ Mitlaute . Als die irischen Mönche begannen, ihre Sprache aufzuschreiben, verwendeten sie als Grundlage das lateinische Alphabet, in dem es diesen Unterschied jedoch nicht gibt. Deshalb entwickelten sie die Regel, dass die „Schlankheit“ eines Mitlauts durch helle Selbstlaute (e, i) in dessen Umgebung, und die „Breite“ durch dunkle Selbstlaute (a, o, u) dargestellt wird. Diese Regel heißt „Vokalübereinstimmung“.

Wenn ein Mitlaut von Selbstlauten umgeben ist, verlangt die Vokalübereinstimmung, dass diese entweder nur dunkel oder nur hell sind. Deshalb wird die Verbindung -im nach dem schlanken Mitlaut g in tuigim t^{u}igim (ich verstehe) -im geschrieben, nach dem breiten Mitlaut l in ólaim oolim (ich trinke) jedoch -aim, ohne dass sich die Aussprache verändert.

Die Schreibweise folgt aber durchaus Regeln, für die man ein Gespür entwickeln kann. So wird beispielsweise labhairt *in Munster und Connacht* lau^{i}rt, *in Ulster hingegen* loo^{i}rt *ausgesprochen – und schon erkennen wir eine Regemaßigkeit bei der Aussprache der Buchstabenkombination* -abh-.

Im Anhang findet man eine Literaturliste mit Büchern zum Weiterlernen, in denen die Schreibweise teilweise ausführlich erklärt wird.

Wörter, die weiterhelfen

Gabh mo leithscéal!
go mo leschkeel
nimm meine Entschuldigung
Entschuldigen Sie!

Más é do thoil é!
måsch ee do ho^{i}l ee
wenn-ist es dein Wille es
Bitte! *(als Aufforderung)*

An bhfuil ... ann?	Gibt es ...?

An bhfuil teach tábhairne ann?
ė' wil t'ä~~ch~~ tåwė^{i}rnė ån
FP ist Haus Kneipe[2] dort
Gibt es eine Kneipe?

Möglicherweise lautet die Antwort:

Tá, tá teach tábhairne ann.
tå tå t'ä~~ch~~ tåwė^{i}rnė ån
ist ist Haus Kneipe[2] dort
Ja, es gibt eine Kneipe.

Níl, níl teach tábhairne ann.
niil niil t'ä~~ch~~ tåwė^{i}rnė ån
nicht-ist nicht-ist Haus Kneipe[2] dort
Nein, es gibt keine Kneipe.

Cá bhfuil ... ? Wo ist ...?

Cá bhfuil an teach tábhairne?
kå wil ė' t'ä~~ch~~ tåwė'rnė
wo ist das Haus Kneipe²
Wo ist die Kneipe?

cógaslann	koogėslėn	Apotheke
dochtúir	do~~ch~~tuu'r	Arzt
banc	bank	Bank
bus	bus	Bus
aerphort	eerfort	Flughafen
siopa	schopė	Geschäft
óstán	oostån	Hotel
na gardaí	nė gardii	Polizei
oifig an phoist	ofig ė' foscht	Postamt
teileafón	telėfoon	Telefon

In den Beispielsätzen kann „teach tábhairne" durch alle passenden (Haupt-)Wörter aus den Wörterlisten ersetzt werden.

Damit Sie nicht ausschließlich auf Gesten angewiesen sind, hier einige Richtungshinweise:

ar dheis	er jesch	rechts
ar chlé	er chlee	links
anseo	ėnscho	hier
ansin	ėnschin	dort
díreach ar aghaidh	diirė~~ch~~ er aj	geradeaus
ar ais	er äsch	zurück
os comhair	os koo'r	gegenüber
in aice leis	in äkė lesch	in der Nähe von
taobh leis	t'iiw lesch	neben

Wörter, die weiterhelfen

chomh fada leis an	~~ch~~oo fadė lesch ė	bis zum / zur
thall ansin	hal ėnschin	dort drüben

An bhfuil ... agat?	Haben Sie ...?

An bhfuil arán agat?
ė' wil arån agėt
FP ist Brot bei-du
Haben Sie Brot?

Ba mhaith liom ...	Ich hätte gern ...

Ba mhaith liom fuisce.
ba wa l^{j}om f^{u}ischkė
wäre gut mit-ich Whiskey
Ich hätte gerne Whiskey.

Cé mhéad a chosnaíonn ...?	Wie viel kostet ...?

Cé mhéad a chosnaíonn an bainne?
kee veed ė ~~ch~~osniiėn ė ban^{j}ė
was Menge P kostet die Milch
Wie viel kostet die Milch?

Cé mhéad a chosnaíonn sé seo?
kee veed ė ~~ch~~osniiėn schee scho
was Menge P kostet es das
Wie viel kostet das?

Zwei wichtige Regeln: Lenition & Eklipse

Gleich zu Beginn soll auf zwei wichtige lautliche Regeln hingewiesen werden, die in den verschiedenen Grammatikkapiteln immer wieder in Erscheinung treten. Es handelt sich dabei um zwei Gesetzmäßigkeiten, nach denen sich der Anfangslaut eines Wortes unter bestimmten grammatischen Voraussetzungen verändert: Lenition und Eklipse.

Lenition

Die Lenition ist eine Gesetzmäßigkeit, bei der sich der Anfangslaut eines Wortes in bestimmten grammatischen Kontexten in charakteristischer Weise verändert. Nach den Zahlwörtern 2 bis 6 tritt z. B. die Lenition ein.

Vergleiche:

ceapaire	>	**dhá cheapaire**
k^{j}äpė^{i}rė		~~ehr~~å ch^{j}äpė^{i}rė
Sandwich		*zwei Sandwich*
Sandwich		zwei Sandwiches
carr	>	**dhá charr**
kår		~~ehr~~å ~~eh~~år
Auto		*zwei Auto*
Auto		zwei Autos

Die folgende Übersicht dient zum Nachschlagen. Da die Lenition sehr häufig anzuwenden ist, lohnt es sich, hier öfter nachzuschlagen und an konkreten Beispielen zu üben.

Das Zeichen „>“ bedeutet „wird zu“; „+“ bedeutet „vor den Selbstlauten“.

irische Schreibweise		Aussprache
b > bh	(+ e *oder* i)	b > v
	(+ a, o *oder* u)	b > w
c > ch	(+ e *oder* i)	k > ch
	(+ a, o *oder* u)	k > ~~ch~~
d > dh	(+ e *oder* i)	d > j
	(+ a, o *oder* u)	d > ~~chr~~
f > fh		f > *(entfällt)*
g > gh	(+ e *oder* i)	g > j
	(+ a, o *oder* u)	g > ~~chr~~
m > mh	(+ e *oder* i)	m > v
	(+ a, o *oder* u)	m > w
p > ph		p > f
s > sh	(+ e *oder* i)	sch > h
	(+ a, o *oder* u)	s > h
t > th		t > h

Auf manchen Schildern, vor allem in traditioneller Schrift, steht statt des nachgestellten h manchmal ein Punkt über dem lenierten Buchstaben, z. B ċ statt ch.

Eklipse

Auch bei der Eklipse handelt es sich um eine Gesetzmäßigkeit, nach der sich Wörter in bestimmten Kontexten lautlich verändern, wie z. B. nach den Zahlen 7 bis 10.

Vergleiche:

bord	>	**naoi mbord**
baurd		n^{u}ii maurd
Tisch		*neun Tisch*
Tisch		neun Tische

carr	>	**naoi gcarr**
kår		n^{u}ii går
Auto		*neun Auto*
Auto		neun Autos

Die Regeln dafür, wann die Eklipse anzuwenden ist, werden in den folgenden Kapiteln nach und nach aufgeführt. Es lohnt sich, wie bei der Lenition, die Eklipse an konkreten Beispielen auszuprobieren.

irische Schreibweise		Aussprache
b > **mb**		b > m
c > **gc**		k > g
d > **nd**		d > n
f > **bhf**	(+ e *oder* i)	f > v
	(+ a, o *oder* u)	f > w
g > **ng**		g > ng
p > **bp**		p > b
t > **dt**		t > d

Hauptwörter

grammatisches Geschlecht

Es gibt im Irischen männliche und weibliche Hauptwörter (Substantive). Viele weibliche Wörter enden auf einen schlanken Mitlaut, wie z. B. beoir b^{j}oo^{i}r (Bier). Der Unterschied zwischen männlich und weiblich wird im Zusammenhang mit den Artikeln wichtig. In den Wörterlisten wird das grammatische Geschlecht durch die Abkürzungen „*m*" für „männlich" und „*w*" für „weiblich" stets mitangegeben.

Mehrzahl

Die Mehrzahl wird nicht bei allen Hauptwörtern gleich gebildet. In den Wörterlisten im Anhang und im Text sind verschiedene Hauptwortklassen durchnummeriert, z. B. „*m1*", „*w2*" usw. Dabei beziehen sich die Buchstaben „*m*" und „*w*" auf das grammatische Geschlecht, die Ziffer auf die Beugungsklasse. Den Beugungsklassen 1 bis 3 können bestimmte Mehrzahlendungen zugeordnet werden, die zwar nicht immer, aber doch häufig zutreffen (es gibt noch zwei weitere Klassen, die aber zu unregelmäßig sind). Übrigens sind in den Vokabellisten des Konversationsteils die Mehrzahlformen jeweils mitangegeben.

m1: Die Mehrzahl der Wörter dieser Klasse wird meist dadurch gebildet, dass der „breite"

Mitlaut am Wortende durch einen „schlanken" ersetzt wird, z. B.:

bád	båd	Boot
báid	bå'd	Boote

w2: In dieser Klasse wird für die Mehrzahl oft ein -a -ė angehängt:

bróg	broog	Schuh
bróga	broogė	Schuhe

m3/w3: In dieser Klasse ist die Mehrzahlendung -í -ii am häufigsten:

dochtúir	do~~ch~~tuu'r	Arzt
dochtúirí	do~~ch~~tuu'rii	Ärzte

Weitere häufig vorkommende Mehrzahlendungen sind -anna -ėnii und -acha -ė~~ch~~ii:

carr	kår	Auto
carranna	kårėnii	Autos
teanga	t'ängė	Sprache
teangacha	t'ängė~~ch~~ii	Sprachen

Wenn man sich nicht anders zu helfen weiß, kann man einfach irgendeine Mehrzahlendung anhängen; man wird schon verstanden!

Artikel

Im Irischen gibt es nur den bestimmten Artikel („der, die, das"), der in der Einzahl an ėn und in der Mehrzahl na nė lautet. Das -n von an wird allerdings nur dann ausgesprochen, wenn das folgende Wort mit einem Selbstlaut beginnt oder das vorausgehende Wort mit einem Selbstlaut endet.

fear	fär	(ein) Mann
fir	fir	Männer
an fear	ė' fär	der Mann
na fir	nė fir	die Männer

Weibliche Wörter werden nach dem Artikel in der Einzahl leniert:

beoir	b^{j}oo^{i}r	ein Bier
an bheoir	ė' v^{j}oo^{i}r	das Bier

Männlichen Wörtern, die mit einem Selbstlaut beginnen, wird ein t vorangestellt:

Éireannach (*m*)	eerėnė~~ch~~	ein Ire, eine Irin
an tÉireannach	ė' teerėnė~~ch~~	der Ire, die Irin

Beginnt ein Wort in der Mehrzahl mit einem Selbstlaut, so wird ihm ein h vorangestellt, wenn es mit dem bestimmten Artikel na steht:

Éireannaigh	eerėnii	Iren, Irinnen
na hÉireannaigh	nė heerėnii	die Iren, die Irinnen

Im 2. Fall (Genitiv) und nach einigen Verhältniswörtern treten weitere Veränderungen auf.

Dieses & Jenes

Die hinweisenden Fürwörter **seo** scho (diese/-r/-s), **sin** schin (jene/-r/-s) und **úd** uud (jene/-r/-s dort) werden dem Hauptwort nachgestellt. Sie sind für männliche und weibliche Hauptwörter gleich. Das Hauptwort steht dabei immer zusätzlich mit dem Artikel. Etwas, das sich sehr nah beim Sprecher befindet, wird mit **seo**, und etwas, das von ihm sehr weit entfernt ist, wird mit **úd** bezeichnet.

an fear seo
ė' fär scho
der Mann dieser
dieser Mann

an bhean sin
ė' vän schin
die Frau jene
jene Frau

an fear úd
ė' fär uud
der Mann jener-dort
jener Mann dort

© fk

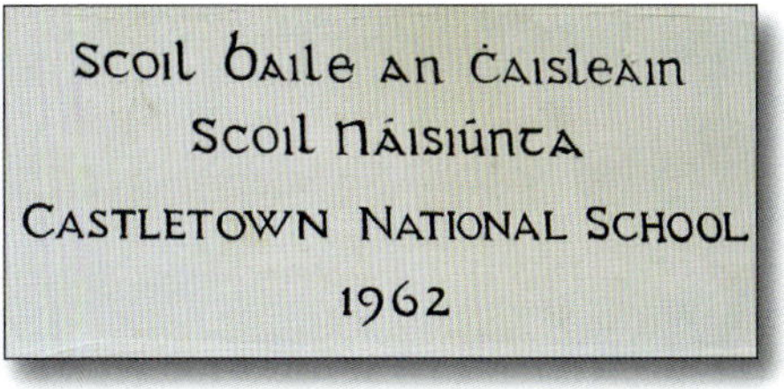

Eigenschaftswörter

Eigenschaftswörter (Adjektive) werden im Irischen dem Hauptwort nachgestellt. Ist das Hauptwort weiblich, so wird das Eigenschaftswort leniert.

fear maith	**bean mhaith**
fär ma	bän wa
Mann gut	*Frau gut*
ein guter Mann	eine gute Frau

Diese Regeln dürfen ignoriert werden, da man auch bei Nichtbeachtung verstanden wird. Wichtig ist nur, dass man selber ein Wort auch dann noch versteht, wenn es leniert ist, wozu etwas Übung nötig ist. Allen denjenigen, die die kompletten Regeln kennenlernen möchten, sei auf die Liste mit weiterführenden Lehrbüchern im Anhang verwiesen.

In der Mehrzahl verändern sich Eigenschaftswörter nach verschiedenen Regeln. Hier nur die wichtigsten:

Unverändert bleiben Eigenschaftswörter, die auf Selbstlaut enden:

stoca uaine	**stocaí uaine**
stokė we^{i}nė	stokii we^{i}nė
grüne Socke	grüne Socken

Eigenschaftswörtern, die auf einen breiten Mitlaut (a, o, u) auslauten, wird in der Mehrzahl ein -a -ė angehängt.

éadach daor	**éadaí daora**
eedė~~ch~~ d^{u}iir	eedii d^{u}iirė
teures Kleidungsstück	teure Kleidungsstücke

Enden Eigenschaftswörter auf einen „schlanken“ Mitlaut (e, i), so wird ein -e -ė angehängt.

duine ciúin	**daoine ciúine**
d^{u}inė k^{j}uu^{i}n	d^{u}iinė k^{j}uu^{i}nė
ein ruhiger Mensch	ruhige Menschen

In der Mehrzahl tritt bei Eigenschaftswörtern nach männlichen Hauptwörtern, die auf einen „schlanken“ Mitlaut enden, Lenition ein.

fear ciúin	**fir chiúine**
fär k^{j}uu^{i}n	fir ch^{j}uu^{i}nė
ein ruhiger Mann	ruhige Männer

einfache Sätze mit „sein“

Eines der beiden Wörter für „sein“ im Irischen lautet tá tå. Es steht immer am Satzanfang und wird nicht gebeugt.

Eigenschaftswörter können attributiv („die große Frau“) und prädikativ („Die Frau ist groß.“) verwendet werden. Wie im Deutschen verändert sich das prädikative Eigenschaftswort im Irischen nicht. Das Eigenschaftswort mór (groß) wird im zweiten Beispielsatz attributiv gebraucht und, da das Hauptwort, auf das es sich bezieht, weiblich ist, leniert:

Tá an bhean mór.
tå 'n vän moor
ist die Frau groß
Die Frau ist groß.

Eigenschaftswörter

Tá an bhean mhór sásta.
tå 'n vän woor såstė
ist die Frau groß zufrieden
Die große Frau ist zufrieden.

Acht wichtigen Eigenschaftswörtern wird die Partikel go vorangestellt, wenn sie prädikativ benutzt werden. Diese Partikel hat keine eigene Wortbedeutung. In der Wort-für-Wort-Übersetzung wird sie mit *„P"* abgekürzt.

Einigen der Eigenschaftswörter in der Tabelle ist ein h *vorangestellt, weil sonst zwei Selbstlaute aufeinanderstoßen würden, nämlich das* -o *von* go *und der Selbstlaut am Anfang des folgenden Eigenschaftswortes.*

go deas	go d^{j}äs	nett, gut
go maith	go ma	gut
go breá	go br^{j}å	wunderbar
go haoibhinn	go hiivė^{i}n	herrlich
go hiontach	go hiintė~~ch~~	wunderbar
go hálainn	go hålė^{i}n	schön
go holc	go holk	übel, schlecht
go dona	go donė	schlecht, unglückselig

Tá an fear go deas.
tå 'n fär go d^{j}äs
ist der Mann P nett
Der Mann ist nett.

aber:

Tá an fear deas sásta.
tå 'n fär d^{j}äs såstė
ist der Mann nett zufrieden
Der nette Mann ist zufrieden.

Tá an bhean dheas sásta.
tå 'n vän jäs såstė
ist die Frau nett zufrieden
Die nette Frau ist zufrieden.

vorangestellte Eigenschaftswörter

Die Eigenschaftswörter sean- schän (alt) und droch- droch (schlecht) werden den Hauptwörtern vorangestellt und verschmelzen mit diesen zu einem Wort. Der Wortanfang wird dabei, wenn möglich, leniert.

Tá seanchaisleán deas ann.
tå schänchaschl'ån d'äs ån
ist alt-Burg nett dort
Dort gibt es eine nette, alte Burg.

Sean ist allerdings, im Gegensatz zu droch-, auch ein eigenständiges Eigenschaftswort, das prädikativ, also als Satzergänzung verwendet werden kann:

Tá an drochbhád seo sean.
tå 'n drochwåd scho schän
ist das schlecht-Boot dieses alt
Dieses schlechte Boot ist alt.

Umstandswörter

Umstandswörter (Adverbien) beschreiben Eigenschaften von Verben, so etwa das Wort „schnell" in dem Satz „Er läuft schnell." (Frage: „Wie läuft er?"). Umstandswörter werden im Irischen gebildet, indem man dem entsprechenden Eigenschaftswort die Partikel go voranstellt. Beginnt das Eigenschaftswort mit einem Selbstlaut, so wird ein h an den Wortanfang gesetzt. Umstandswörter stehen immer am Satzende.

Siúlann sé go sciobtha.
schuulėn schee go schkip^{u}ii
läuft er P schnell
Er läuft schnell.

Bhí siad ag canadh go hálainn.
vii schiėd eg kanė go hålė^{i}n
waren sie bei Singen P schön
Sie sangen schön.

Steigern & Vergleichen

steigern

Um ein Eigenschaftswort zu steigern, wird entweder **níos** niis (mehr) für den Komparativ (schöner) oder **is** is (meist) für den Superlativ (am schönsten) vorangestellt.

gránna	grånė	hässlich
níos gránna	niis grånė	hässlicher
is gránna	is grånė	am hässlichsten

Die meisten Eigenschaftswörter nehmen bei der Steigerung außerdem ihrerseits besondere Formen an. Diese sind, sofern sie regelmäßig sind, mit den Mehrzahlformen identisch.

ciúin	k^{j}uu^{i}n	ruhig
daoine ciúine	d^{u}iinė k^{j}uu^{i}nė	ruhige Menschen
níos ciúine	niis k^{j}uu^{i}nė	ruhiger
is ciúine	is k^{j}uu^{i}nė	am ruhigsten

Einige Eigenschaftswörter haben hingegen unregelmäßige Steigerungsformen:

maith	gut	**fearr**	besser
ma		f^{j}år	
dona	schlecht	**measa**	schlechter
donė		mäsė	

Weiterhin können Eigenschaftswörter auch durch fíor- fiir (wirklich), an- an (sehr) und ró- roo (übermäßig) intensiviert werden. Diese Steigerungspartikeln verschmelzen mit dem Eigenschaftswort, das dabei leniert wird, zu einem Wort. Zwischen an und dem folgenden Wort wird ausnahmsweise stets ein Bindestrich geschrieben:

maith ma	gut	**fíormhaith** fiirwa	wirklich gut
sean schän	alt	**an-shean** an-hän	sehr alt
daor d^{u}iir	teuer	**ródhaor** roo~~chr~~^{u}iir	zu teuer

vergleichen

Vergleiche nach dem Muster „*A* ist so ... wie *B*" (Gleichheit) bildet man mit der Konstruktion Tá „A" chomh ... le „B".

Tá Seán chomh deas le Máire.
tå schån ~~ch~~oo d^{j}äs lė må^{i}rė
ist Seán so nett mit Máire
Seán ist so nett wie Máire.

Tá Béal Feirste chomh álainn le Baile Átha Cliath.
tå beel ferschtė ~~ch~~oo hålė^{i}n lė ba^{i}lė å kliė
ist Belfast so schön mit Dublin
Belfast ist so schön wie Dublin.

Vergleiche im Komparativ „*A* ist ...-er als *B*“ (Ungleichheit) werden mit der Konstruktion Tá „A“ níos ... ná „B“ gebildet:

Tá Gaillimh níos lú ná Baile Átha Cliath.
tå galiv niis luu nå ba^{i}lė å kliė
ist Galway mehr kleiner als Dublin
Galway ist kleiner als Dublin.

Tá fuisce níos measa ná beoir.
tå f^{u}ischkė niis mase nå b^{j}uo^{i}r
ist Whiskey mehr schlimmer als Bier
Whiskey ist schlimmer als Bier.

Für Sätze mit dem Superlativ, also entsprechend dem Muster „*A* ist am ...-en“, wird eine andere Form von „sein“ benötigt, und zwar is. Zu unterscheiden ist dabei, ob „*A*“ ein männliches oder weibliches Hauptwort ist, da man bei dieser Konstruktion die entsprechenden persönlichen Fürwörter benötigt.

Dabei stehen diese Fürwörter in der Objektform (vgl. Kapitel „Persönliche Fürwörter“). Den Hintergrund für diese eigentümliche Konstruktion finden Sie im Kapitel „Tätigkeitswörter“ auf den Seiten 56 / 57.

„*A*“ ist männlich:
Is é „A“ is ... (is é, *ausgesprochen* schee)

„*A*“ ist weiblich:
Is í „A“ is ... (is í, *ausgesprochen* schii)

Is é Baile Átha Cliath an chathair is mó in Éirinn.
schee ba^{i}lė å kliė 'n ~~ch~~ahir is moo in eerin
ist es Dublin die Stadt meist größer in Irland
Dublin ist die größte Stadt in Irland.

Steigern & Vergleichen

Beachten Sie: Statt é *und* í *können je nach Sinnzusammenhang auch die anderen persönlichen Fürwörter in der Objektform eingesetzt werden. Verstanden werden Sie aber auch dann, wenn Sie z. B. von sich selbst reden, mit der grammatikalisch nicht ganz korrekten Ausdrucksweise „*Is „A“ is …*“.*

Is í Síle is sciobtha.
schii schiilė is schkip^{u}ii
ist sie Síle meist schneller
Síle ist am schnellsten.

Farben

bán	bån	weiß
dubh	duw, du	schwarz
dearg	d^{j}äreg	rot
rua	ruė	rotbraun, rothaarig
gorm	gorėm	blau
uaine	we^{i}nė	(hell)grün
glas	glas	grün, blau
buí	b^{u}ii	gelb
donn	don, daun	braun

Liste wichtiger Eigenschaftswörter

Eigenschafts-wort	Steigerungs-form	
maith ma, maj	**fearr** f^{j}år	gut
dona donė	**measa** mäsė	schlecht
mór moor	**mó** moo	groß
beag b^{j}og	**lú** luu	klein
sean schän	**sine** schinė	alt
óg oog	**óige** oo^{i}gė	jung
nua nuė	–	neu
te tė	**teo** t^{j}oo	warm, heiß
fuar fuėr	**fuaire** fu^{i}rė	kalt
álainn ålė^{i}n	**áille** å^{i}lė	schön

gránna grånė	–	hässlich
milis milisch	**milse** milschė	süß
searbh schäru	**seirbhe** schärėvė	sauer, bitter
tinn tiin	**tinne** tiinė	krank
sláintiúil slånt^{j}uu^{i}l	**sláintiúile** slånt^{j}uu^{i}lė	gesund
sásta såstė	–	zufrieden
míshásta miihåstė	–	unzufrieden
daor d^{u}iir	**daoire** d^{u}iirė	teuer
saor s^{u}iir	**saoire** s^{u}iirė	billig, frei
saibhir sevir	**saibhre** sevrė	reich
bocht bo~~ch~~t	**boichte** bochtė	arm
láidir lådir	**láidre** lă^{i}drė	stark
lag lag	**laige** la^{i}gė	schwach
éasca eeskė	–	leicht
deacair d^{j}äkir	**deacra** d^{j}äkrė	schwer
lán lån	**láine** lå^{i}nė	voll
folamh folėw	**foilmhe** folėvė	leer
glan glan	**glaine** gla^{i}nė	sauber
salach salė~~ch~~	**salaí** salii	schmutzig
mall mål	**maille** må^{i}lė	langsam
sciobtha schkip^{u}ii	–	schnell

Dialektvarianten: „schnell“ heißt in Munster tapa tapė *und in Ulster* gasta gastė.

Persönliche Fürwörter

Eine Unterscheidung zwischen „du“ und „Sie“ gibt es im Irischen nicht.

Das Irische hat neben den „normalen“ persönlichen Fürwörtern (Personalpronomen) jeweils auch betonte Formen. Die Objektformen stehen zusammen mit dem Verb is (sein). Außerdem werden sie, wie der Name nahelegt, als Objekt verwendet (Frage: „wen?“):

Objekt = Satzergänzung

Die Objektformen sind Ihnen bereits bei der Vergleichskonstruktion begegnet.

Feiceann sé é.
fekėn schee ee
sieht er ihn
Er sieht ihn.

*(*schee *und* ee *verschmelzen dabei zu langem* schee*)*

	normales Fürwort		Objektform	
ich	**mé**	mee	–	
du	**tú**	tuu	**thú**	huu
er, es	**sé**	schee	**é**	ee
sie *(Ez)*	**sí**	schii	**í**	ii
wir	**muid**	m^{u}id	–	
ihr	**sibh**	schiv	–	
sie *(Mz)*	**siad**	schiėd	**iad**	iėd

	betontes Fürwort		Objektform	
ich	**mise**	mischė	–	
du	**tusa**	tusė	**thusa**	husė
er, es	**seisean**	scheschėn	**eisean**	eschėn
sie *(Ez)*	**sise**	schischė	**ise**	ischė
wir	**muide**	m^{u}idė	–	
ihr	**sibhse**	schivschė	–	
sie *(Mz)*	**siadsan**	schiėdsėn	**iadsan**	iėdsėn

Besitzanzeigende Fürwörter

Die besitzanzeigenden Fürwörter (Possessivpronomen, „mein, dein ...“) stehen vor dem Hauptwort, auf das sie sich beziehen. Hierbei muss folgendes beachtet werden:

Beginnt das folgende Hauptwort mit einem Mitlaut, muss es leniert oder eklipsiert werden (in der Tabelle „*L!*“ bzw. „*E!*“).

Beginnt das folgende Hauptwort mit einem Selbstlaut, so verschmilzt in der 1. und 2. Person Einzahl das Fürwort mit dem folgenden Hauptwort. Es wird dann gekürzt und mit einem Apostroph abgetrennt. Die 3. Person männlich bleibt unverändert, der 3. Person weiblich wird ein h vorangestellt.

In der Mehrzahl wiederum wird einem mit Selbstlaut beginnenden Hauptwort ein n *vorangestellt, das mit einem Bindestrich vom Wort getrennt wird.*

	Wort beginnt mit Mitlaut		Wort beginnt mit Selbstlaut	
mein	**mo** *(L!)*	mo	**m’...**	m...
dein	**do** *(L!)*	do	**d’...**	d...
sein	**a** *(L!)*	ė	**a ...**	ė ...
ihr	**a**	ė	**a h...**	ė h...
unser	**ár** *(E!)*	år	**ár n-...**	år n-...
euer	**bhur** *(E!)*	wur	**bhur n-...**	wur n-...
ihr	**a** *(E!)*	ė	**a n-...**	ė n-...

Ob das Hauptwort in der Ein- oder Mehrzahl steht, ist dabei unerheblich.

do charr	do ~~ch~~år	**d’uncail**	dunkė'l	*dein Auto / dein Onkel*
a charr	ė ~~ch~~år	**a uncail**	ė unkė'l	*sein Auto / sein Onkel*
a carr	ė kår	**a huncail**	ė hunkė'l	*ihr Auto / ihr Onkel*
ár gcarr	år går	**ár n-uncail**	år nunkė'l	*unser Auto / unser Onkel*

Tätigkeitswörter

Bevor Sie sich auf die Verben stürzen, möchte ich Ihnen nicht verheimlichen, dass es eine Abkürzung gibt, durch die man sich viele der folgenden Regeln ersparen kann: die Verlaufsform, mit der die „normalen“ Verben gänzlich umgangen werden können. Eilige können daher zum Kapitel „Das Verb Sein“ springen.

Die irischen Verben lassen sich in zwei Kategorien unterteilen:

Kategorie 1 (*K1*) umfasst einsilbige Verben wie z. B. ól (trinken).

Kategorie 2 (*K1*) umfasst mehrsilbige Verben wie z. B. ceannaigh kʲänė (kaufen). Die meisten Verben der Kategorie 2 enden auf -igh -ė bzw. -aigh -ė. Diese Endsilbe entfällt bei der Beugung und wird durch die Personalendungen ersetzt (vergl. Seiten 161 / 162).

Es gibt im Irischen lediglich neun unregelmäßige Verben, die vollständig in der Liste der unregelmäßigen Verben zu finden sind.

Gegenwart

Um ein Verb in der Gegenwart zu beugen, wird an den Verbstamm eine Gegenwartsendung angehängt und das persönliche Fürwort nachgestellt. Eine Ausnahme bildet die 1. Person *Ez* („ich“), in der die Person bereits in der Endung integriert ist.

Der Verbstamm von Verben der Kategorie 1 ist mit der Grundform identisch. Bei den meisten Verben der Kategorie 2 streicht man für den Verbstamm die Endung -igh -ė bzw. -aigh -ė ab. Diese Gegenwartsform drückt aus, dass eine Handlung häufig oder regelmäßig stattfindet.

Hier die Personalendungen für die Gegenwart:

	K1		*K2*	
1. Person *Ez* („ich“)	**-im**	-im	**-ím**	-iim
alle anderen	**-eann ...**	-ėn	**-íonn ...**	-iiėn

Beachten Sie: „...“ bedeutet, dass an dieser Stelle das betreffende persönliche Fürwort eingesetzt wird.

Im Folgenden wird das Beugungsmuster anhand von Beispielen angewandt. Um die Personalendung übersichtlich hervorzuheben, wird sie durch einen Bindestrich vom Verbstamm abgetrennt. Das nachgestellte Wort ist das jeweilige persönliche Fürwort.

K1:	**tuig** **verstehen**	t^{u}ig
ich	**tuig-im**	t^{u}igim
du	**tuig-eann tú**	t^{u}igėn tuu
er	**tuig-eann sé**	t^{u}igėn schee
sie	**tuig-eann sí**	t^{u}igėn schii
wir	**tuig-eann muid**	t^{u}igėn m^{u}id
ihr	**tuig-eann sibh**	t^{u}igen schiv
sie	**tuig-eann siad**	t^{u}igėn schiėd

K2:	**im-igh** **weggehen**	imė
ich	**im-ím**	imiim
du	**im-íonn tú**	imiiėn tuu
er	**im-íonn sé**	imiiėn schee
sie	**im-íonn sí**	imiiėn schii
wir	**im-íonn muid**	imiiėn m^{u}id
ihr	**im-íonn sibh**	imiiėn schiv
sie	**im-íonn siad**	imiiėn schiėd

Beim Schreiben von Verben muss die Vokalübereinstimmung beachtet werden: Endet der Verbstamm auf einen „breiten“ Mitlaut (weil der vorangehende Selbstlaut dunkel ist wie in ól), oder folgt dem Stamm die Endung -aigh (statt -igh), so verändern sich die geschriebenen Endungen wie folgt:

K1:	**-im**	>	**-aim**	-im
	-eann	>	**-ann**	-ėn
K2:	**-ím**	>	**-aím**	-iim
	-íonn	>	**-aíonn**	-iiėn

Vergangenheit

In der Vergangenheit werden Verben, wenn möglich, leniert. Für alle Verben gilt außerdem: Beginnt ein Verb mit einem Selbstlaut oder mit f (was zu fh leniert und somit nicht gesprochen wird), stellt man ein d' voran. Der so lenierten Grundform stellt man dann noch das betreffende persönliches Fürwort nach.

Verb beginnt mit Mitlaut	**ceannaigh**	**cheannaigh mé**
		ch^{j}änė mee
	kaufen	ich kaufte
Verb beginnt mit Selbstlaut	**ól**	**d'ól mé**
		dool mee
	trinken	ich trank
Verb beginnt mit f	**fan**	**d'fhan mé**
		dan mee
	warten	ich wartete

Hier die Beugung in der Vergangenheit:

K1:	**tuig**	t^{u}ig
ich	**thuig mé**	hig mee
du	**thuig tú**	hig tuu
er	**thuig sé**	hig schee
sie	**thuig sí**	hig schii
wir	**thuig muid**	hig m^{u}id
ihr	**thuig sibh**	hig schiv
sie	**thuig siad**	hig schiėd

verstehen

K2:	**im-igh**	imė
ich	**d'imigh mé**	dimė mee
du	**d'imigh tú**	dimė tuu
er	**d'imigh sé**	dimė schee
sie	**d'imigh sí**	dimė schii
wir	**d'imigh muid**	dimė m^{u}id
ihr	**d'imigh sibh**	dimė schiv
sie	**d'imigh siad**	dimė schiėd

weggehen

Im Kapitel „Verlaufsform" erfahren Sie, wie Tätigkeiten ausgedrückt werden, die zum Zeitpunkt des Sprechens stattfinden.

Zukunft

Auch für die Zukunft gilt, dass an den Verbstamm die entsprechenden Endungen angehängt werden und das persönliche Fürwort nachgestellt wird. Die folgende Tabelle zeigt die Beugung in der Zukunft anhand der beiden bereits bekannten Beispielverben. Aus Gründen der Übersichtlichkeit sind die Endungen hier wieder durch Bindestriche abgetrennt.

verstehen

K1:	**tuig**	t^{u}ig
ich	**tuig-fidh mé**	t^{u}ighė mee
du	**tuig-fidh tú**	t^{u}ighė tuu
er	**tuig-fidh sé**	t^{u}ighė schee
sie	**tuig-fidh sí**	t^{u}ighė schii
wir	**tuig-fidh muid**	t^{u}ighė m^{u}id
ihr	**tuig-fidh sibh**	t^{u}ighė schiv
sie	**tuig-fidh siad**	t^{u}ighė schiėd

weggehen

K2:	**im-igh**	imė
ich	**im-eoidh mé**	imooj mee
du	**im-eoidh tú**	imooj tuu
er	**im-eoidh sé**	imooj schee
sie	**im-eoidh sí**	imooj schii
wir	**im-eoidh muid**	imooj m^{u}id
ihr	**im-eoidh sibh**	imooj schiv
sie	**im-eoidh siad**	imooj schiėd

Wie bei der Beugung in der Gegenwart wirkt sich auch in der Zukunft das Gesetz der Vokalübereinstimmung nur auf die Schreibweise aus, nicht auf die Aussprache:

Kategorie 1:	**-fidh**	>	**-faidh**	-hė
Kategorie 2:	**-eoidh**	>	**-óidh**	-ooj

Das Verb „sein" – tá

Die Zeitformen von tá tå („sein", im Sinne von „ist jetzt gerade") sind bíonn biiėn („ist regelmäßig"), bhí vii („war") und beidh bej („wird sein“). Man verwendet tá u. a., wenn ein Eigenschaftswort Bestandteil der Satzaussage ist (Das Haus ist groß.), sowie in Ortsangaben (Das Haus ist in Cork). Wie bei allen anderen Verben auch stellt man das persönliche Fürwort nach. Ausnahme: Die 1. Person Einzahl (ich) von bíonn verschmilzt mit mé zu bím.

	Gegenwart *(jetzt)*	Vergangenheit	Zukunft
ich	**tá mé** tå mee	**bhí mé** vii mee	**beidh mé** bej mee
du	**tá tú** tå tuu	**bhí tú** vii tuu	**beidh tú** bej tuu
er	**tá sé** tå schee	**bhí sé** vii schee	**beidh sé** bej schee
sie	**tá sí** tå schii	**bhí sí** vii schii	**beidh sí** bej schii
wir	**tá muid** tå m^{u}id	**bhí muid** vii m^{u}id	**beidh muid** bej m^{u}id
ihr	**tá sibh** tå schiv	**bhí sibh** vii schiv	**beidh sibh** bej schiv
sie	**tá siad** tå schiėd	**bhí siad** vii schiėd	**beidh siad** bej schiėd

	Gegenwart *(regelmäßig, häufig)*	
ich	**bím**	biim
du	**bíonn tú**	biiėn tu
er	**bíonn sé**	biiėn schee
sie	**bíonn sí**	biiėn schii
wir	**bíonn muid**	biiėn m^{u}id
ihr	**bíonn sibh**	biiėn schiv
sie	**bíonn siad**	biiėn schiėd

Im Gegensatz zur „normalen“ Gegenwart werden mit der zweiten Gegenwartsform Handlungen ausgedrückt, die häufig oder regelmäßig stattfinden. Vergleiche:

Bíonn sé i nGaillimh.
biiėn schee i ngaliv
ist-häufig er in Galway
Er ist häufig in Galway.
(bzw. regelmäßig / manchmal)

aber:

Tá sé i nGaillimh.
tå schee i ngaliv
ist er in Galway
Er ist (jetzt im Moment) in Galway.

Tá Tomás glic go maith.
tå tomås glik go ma
ist Tomás schlau P gut
Tomás ist ganz schön schlau.

Beidh an lá go hálainn.
bej 'n lå go hålėin
sein-wird der Tag P schön
Der Tag wird schön werden.

Bhí sé go deas.
vii schee go diäs
war es P nett
Es war nett.

Bíonn an fharraige níos ciúine sa samhraidh.
biiėn ėn arėgė niis kʲuuʲnė sa saurė
ist-häufig das Meer mehr ruhiger im Sommer
Im Sommer ist das Meer ruhiger.

Verlaufsform mit „sein"

Die Verlaufsform gibt es im Deutschen nur in der Umgangssprache, z. B. in der Formulierung *„Sie ist am Essen"*, um auszudrücken, dass eine Handlung zu einem bestimmten Zeitpunkt gerade abläuft. Im Irischen wird die Verlaufsform mit tá tå (sein) und dem Verhältniswort ag eg (bei) gebildet. Das Verb, das die eigentliche Handlung darstellt, wird durch das jeweilige Tätigkeitshauptwort wiedergegeben.

Tá sí ag ithe.
tå schii'g ihė
ist sie bei Essen
Sie isst gerade.

Bhí an Gearmánach ag foghlaim Gaeilge.
vii 'n gärėmånė~~ch~~ eg fooleʲm gᵘeelgė
war der Deutsche bei Lernen Irisch[2]
Der Deutsche lernte Irisch.

Beidh siad ag fanacht i mBéal Feirste.
bej schiėd eg fanė~~ch~~t i meel ferschtė
sein-werden sie bei Bleiben in Belfast
Sie werden (für einige Zeit) in Belfast bleiben.

Tätigkeitshauptwort

Die sogenannten Tätigkeitshauptwörter sind eine Wortklasse, die im Deutschen etwa den Infinitivformen mit Artikelentsprechen, z. B. „das Laufen", „das Schwimmen". Sie werden in bestimmten Satzkonstruktionen verwendet. Das irische Tätigkeitshauptwort wird allerdings nach keinerlei durchschaubaren Regeln gebildet. Deshalb wird es in den Wörterlisten mit „TH" gekennzeichnet. In der Wort-für-Wort-Übersetzung wird es wie ein Verb übersetzt, aber (als Hauptwort) groß geschrieben.

Mit Hilfe der Verlaufskonstruktion bíonn *+ Person + TH kann man in der Gegenwart auch gänzlich ohne die Beugung der Verben zurechtkommen.*

abhängige Formen

Von tá (sein) und bhí (war) gibt es außerdem noch so genannte „abhängige" Formen, die nach verschiedenen (mehr oder weniger zur Grammatik gehörigen) Wörtern anstelle von tá und bhí verwendet werden:

tá tå	*wird zu*	**bhfuil** wil
bhí vii	*wird zu*	**raibh** ro (rev *im Munster-Dialekt*)

Die abhängigen Formen stehen u. a. nach folgenden Wörtern:

ní	nii	nicht
(ní *verschmilzt dabei mit* bhfuil *zu* níl*!*)		
go	go	dass
nach	nach	dass nicht

Ein weiteres Verb „sein" – is

Is *ist völlig unveränderlich und ist somit eigentlich eher eine Partikel als ein Verb. Damit hängt auch teilweise der recht eigenwillige Satzbau zusammen, z. B. der Gebrauch der Objektformen der Fürwörter.*

Das andere Verb des Irischen mit der Bedeutung „sein", is , ist Ihnen bereits aus dem Kapitel „Steigern & Vergleichen" bekannt. Im Gegensatz zu tá tå, das Eigenschaftswörter oder Ortsangaben anschließt, werden mit is is zwei Hauptwörter oder ein persönliches Fürwort und ein Hauptwort einander zugeordnet. Nach is werden die Objektformen (!) der persönlichen Fürwörter verwendet.

In Sätzen mit is wird zwischen „Identifikation" und „Klassifikation" unterschieden:

Identifikation bedeutet, dass der Satzgegenstand (Subjekt) mit der Satzergänzung identisch ist, also etwa:

„A“ ist „B“ Maria ist die Irin.

Klassifikation bedeutet, dass der Satzgegenstand zu der Klasse von Dingen bzw. Personen gehört, die in der Satzergänzung beschrieben wird, also etwa:

„A“ ist ein „B“ Maria ist eine Irin.

Dem Satzgegenstand eines is-Satzes muss unbedingt das entsprechende persönliche Fürwort (in der Objektform) vorangestellt werden. Die Position des Satzgegenstands ist bei den beiden Satzarten aber unterschiedlich.

Is	„A“	„B“
Is	**í Máire**	**an t-Éireannach.**
schii	må'rė	ė' teerėnė~~ch~~
ist	*sie Maria*	*die Irin*

Maria ist die Irin.

Is	„B“	„A“
Is	**Éireannach**	**í Máire.**
is	eerėnė~~ch~~	ii må'rė
ist	*Irin*	*sie Maria*

Maria ist (eine) Irin.

Beachten Sie: Trifft is *mit* é, í *oder* iad *zusammen, so lautet die Aussprache* schee (is é), schii (is í) *bzw.* schiėd (is iad)

Is dochtúir é an fear.
is do~~ch~~tuu'r ee 'n fär
ist Doktor ihn der Mann
Der Mann ist ein Arzt.

Is dochtúir é.
is do~~ch~~tuu'r ee
ist Doktor ihn
Er ist ein Arzt.

Sich selbst bezeichnet man in is-*Sätzen meist mit der betonten Objektform der 1. Person Einzahl* mise *anstatt der normalen Objektform* mé.

Is é an fear an dochtúir.
schee 'n fär ė' do~~ch~~tuu^{i}r
ist ihn der Mann der Doktor
Der Mann ist der Arzt.

Is mise Máirtín.
is mischė må^{i}rtiin
ist mich Máirtín
Ich bin Máirtín.

Das Verb „haben"

„Haben" wird im Irischen nicht mit einem eigenen Verb, sondern durch eine Form von tá tå „sein" in Kombination mit einem Verhältniswort ausgedrückt. Dabei werden drei Bedeutungsaspekte von „haben" unterschieden:

„haben": Gegenstand, Sprache, Eigenschaft
„haben": physische und psychische Zustände
„haben": jemandem gehören (Besitzer)

Beachten Sie: Nach ag *(bei) wird das Hauptwort, das die Person bezeichnet, eklipsiert, wenn es mit dem Artikel* an *steht. Außerdem können die persönlichen Fürwörter nach* ag *nicht stehen. Statt dessen verwendet man besondere personengebeugte Formen des Verhältniswortes (vgl. Seite 69 / 70).*

Bei Gegenständen, Sprachen und Eigenschaften wird „haben" so gebildet:

Tá ... (Hauptwort) ag ... (Person, „Besitzer").
(ist ... bei ...)

Tá carr ag an mbean.
tå kår eg ė' män
ist Auto bei die Frau
Die Frau hat ein Auto.

Tá Gaeilge ag Seán.
tå g^{u}eelgė eg schån
ist Irisch bei Seán
Seán spricht Irisch.

Tá ceol ag an gcailín.
tå k^{j}ool eg ė' galiin
ist Musik bei das Mädchen
Das Mädchen hat Musik.
(= Das Mädchen ist musikalisch.)

Tá súil ag an mbean.
tå suu^{i}l eg ė' män
ist Auge bei die Frau
Die Frau hofft.

Tá a fhios ag na daoine.
tå's eg nė d^{u}iinė
ist sein Wissen bei die Leute
Die Leute wissen es.

Bei physischen und psychischen Zuständen verwendet man folgende Satzkonstruktion:

Tá ... (Hauptwort) ar ... (Person).
(ist ... auf ...)

Beachten Sie:
Nach ar *(auf) wird das Hauptwort, das die Person bezeichnet, eklipsiert, wenn es mit dem Artikel* an *steht. Steht es jedoch ohne Artikel, wird es leniert.* Ar *bildet wie alle Verhältniswörter mit den persönlichen Fürwörtern spezielle personengebeugte Formen.*

Tá ocras ar an nGearmánach.
tå okrės er ė' ngärėmånėch
ist Hunger auf der Deutsche
Der Deutsche hat Hunger.

Tá ocras ar Thomás.
tå okrės er homås
ist Hunger auf Tomás
Tomás hat Hunger.

Tá deifir ar na fir.
tå d^{i}efir er nė fir
ist Eile auf die Männer
Die Männer haben Eile.

Tá brón ar Bhairbre.
tå broon er wa^{i}rėbrė
ist Kummer auf Bairbre
Es tut Bairbre Leid.

In dieses Satzmuster können statt „Hunger“ u. a. die folgenden Wörter eingesetzt werden:

faitíos	fatiiės	Angst
tart	tart	Durst
slaghdán	slaidån	Erkältung
áthas	åhės	Freude

fonn	fuun	Lust
iontas	iintės	Staunen
moill	ma^{i}l	Verspätung
fearg	färėg	Wut

„Besitz“ im Sinne von „jemandem gehören“ wird folgendermaßen ausgedrückt:

Is le ... (Person) ... (Hauptwort).
(ist mit ... ...)

Beachten Sie: Nach le *(mit) können auch der Artikel oder persönliche Fürwörter stehen. Dazu benötigt man allerdings in beiden Fällen spezielle Formen.*

Is le Cáit an carr.
is lė kå^{i}t ė’ kår
ist mit Cáit das Auto
Cáit gehört das Auto.

Is le Gearmánach an teach.
is lė gärėmånė~~ch~~ ė’ t^{j}ä~~ch~~
ist mit Deutscher das Haus
Das Haus gehört einem Deutschen.

besondere Verbkonstruktionen

Mit Hilfe der Konstruktion is + Eigenschaftswort + le können einige Verbalausdrücke gebildet werden, für die es im Irischen keine eigenständigen Verben gibt.

mögen	**is maith le**	is ma lė	*ist gut mit*
lieben	**is breá le**	is b^{j}rå lė	*ist wunderbar mit*
hassen	**is fuath le**	is fuė lė	*ist Hass mit*
bevorzugen	**is fearr le**	is f^{j}år lė	*ist besser mit*
gleichgültig sein	**is cuma le**	is kumė lė	*ist egal mit*

Auf le (mit) folgt jeweils zunächst der Satzgegenstand (Subjekt) und danach die Satzergänzung (Objekt).

Is maith le Pádraig tae.
is ma lė pådrig tee
ist gut mit Pádraig Tee
Pádraig mag Tee.

Is maith le Tadhg siúl.
is ma lė taik schuul
ist gut mit Tadhg Laufen
Tadhg läuft gerne.

Is breá le Síle Bailo Átha Cliath.
is br^{j}å lė schiilė ba^{i}lė å kliė
ist hübsch mit Síle Dublin
Síle liebt Dublin.

Is fuath le hEilís caife.
is fuė lė hailiisch kafė
ist verhasst mit Eilís Kaffee
Eilís hasst Kaffee.

Is fearr le Seamas fanacht.
is f^{j}år lė schemės fanė~~ch~~t
ist besser mit Seamas Bleiben
Seamas möchte lieber bleiben.

Is cuma le Sorcha an drochaimsir.
is kumė lė sorė~~ch~~ė ’n dro~~ch~~ä^{i}mschir
ist egal mit Sorcha das schlecht-Wetter
Sorcha ist das schlechte Wetter egal.

Modalkonstruktion

Wenn das Tätigkeitshauptwort („TH“) mit einer Satzergänzung steht (z. B. „Irisch lernen“), so steht als erstes die Satzergänzung, gefolgt von der lenierenden Partikel a ė *(zu), und danach das Tätigkeitshauptwort.*

Modalverben („können“, „wollen“, „dürfen“, „sollen“, „müssen“) gibt es im Irischen nicht. Statt dessen gibt es bestimmte Konstruktionen mit tá bzw. is (sein) und Verhältniswörtern. Im Deutschen werden die Modalverben mit dem Infinitiv verbunden. Im Irischen braucht man wieder das Tätigkeitshauptwort.

dürfen	**Tá cead ag ...** (Person) **...** (TH) *ist Erlaubnis bei ... ...*

Tá cead ag na daoine campáil ansin ag an abhainn.
tå cäd eg nė d^{u}iinė kampå^{l}l ėnschin eg ėn au^{i}n
ist Erlaubnis bei die Leute Zelten dort bei der Fluss
Die Leute dürfen dort am Fluss zelten.

müssen	**Tá ar ...** (Person) **...** (TH) *ist auf ... ...*
oder	**Caithfidh ...** (Person) ... (TH) *verbraucht-wird ... ...*

Das deutsche Modalverb „müssen“ kann man im Irischen auch mit der Zukunftsform des Verbs caith ka *(verbrauchen, verbringen, werfen) ausdrücken.*

Tá ar an bhfear deifir a dhéanamh.
tå er ė' vär d^{j}efir ė jeenė
ist auf dem Mann Eile zu Machen
Der Mann muss sich beeilen.

Caithfidh an fear deifir a dhéanamh.
kahė 'n fär d^{j}efir ė jeenė
verbrauchen-wird der Mann Eile zu Machen
Der Mann muss sich beeilen.

können	**Is féidir le ...** (=Person) **...** (=TH) *ist möglich mit ... ...*

Is féidir le Pádraig Gearmáinis a thuiscint.
is feedir lė pådrig gärėmå^{i}nisch ė hischkint
ist möglich mit Pádraig Deutsch zu Verstehen
Pádraig kann Deutsch verstehen.

wollen (möchte)	**Ba mhaith le ...** (Person) **...** (TH) *wäre gut mit ... ...*

Ba mhaith le Tomás siúl.
ba wa lė tomås schuul
wäre gut mit Tomás Laufen
Tomás möchte laufen.

Ba mhaith le Tomás cupán tae a ól.
ba wa lė tomås kupån tee' ool
wäre gut mit Tomás Tasse Tee[2] zu Trinken
Tomás möchte eine Tasse Tee trinken.

sollen	**Is ceart do ...** (Person) **...** (TH) *ist richtig zu ... ...*

Beachten Sie:
do *leniert das nachfolgende Wort.*

Is ceart do Mhícheál níos mó Gaeilge a fhoghlaim.
is k^{j}ärt do viihål niis moo g^{u}eelgė' oolė^{i}m
ist richtig zu Mícheál mehr größer Irisch zu Lernen
Mícheál soll mehr Irisch lernen.

Die Befehlsform

Für die verneinte Befehlsform („trink/t nicht!") wird ná nå *(nicht) vorangestellt. Verben, die mit einem Selbstlaut beginnen, wird bei der Verneinung darüber hinaus ein* h *vorangestellt.*

Die Befehlsform (Imperativ) Einzahl („trink!") ist mit der Grundform des Verbs identisch. Für die Befehlsform Mehrzahl („trinkt!") wird an den Verbstamm die Endung -igí -igii bzw. -aigí -igii angehängt.

ith	i	essen
ith!	i	iss!
ná hith!	nå hi	iss nicht!
ithigí!	ihigii	esst!
ná hithigí	nå hihigii	esst nicht!

ceannaigh	kʲänė	kaufen
ceannaigh!	kʲänė	kauf!
ná ceannaigh!	nå kʲänė	kauf nicht!
ceannaigí!	kʲänigii	kauft!
ná ceannaigí!	nå kʲänigii	kauft nicht!

Zur Erinnerung: Der Verbstamm einsilbiger Verben ist mit der Grundform identisch. Den Verbstamm mehrsilbiger Verben erhält man, indem man dieGrundform-Endung -igh *bzw.* -aigh *abstreicht.*

Die Befehlsform von tá (sein) lautet:

bí!	bii	sei!	**ná bí!**	nå bii	sei nicht!
bígí!	biigii	seid!	**ná bígí!**	nå biigii	seid nicht!

Ná bí ag magadh!
nå bii 'g magė
nicht sei bei Veräppeln
Mach dich nicht lustig!

Bindewörter

Einige Bindewörter (Konjunktionen) werden wie im Deutschen verwendet. Die meisten ziehen jedoch besondere Konstruktionen nach sich.

ach	a~~ch~~	aber, sondern
nó	noo	oder
agus / is	agės / is	und
go	go	dass
nach	na~~ch~~	dass nicht
ach amháin	a~~ch~~ ėwå^{i}n	außer
ach amháin go	a~~ch~~ ėwå^{i}n go	außer dass
ach amháin nach	a~~ch~~ ėwå^{i}n na~~ch~~	außer dass nicht
cé go	kee go	obwohl
cé nach	kee na~~ch~~	obwohl nicht
de bhrí go	dė vrii go	weil
de bhrí nach	dė vrii na~~ch~~	weil nicht
chomh luath agus a	~~ch~~oo luė agės ė	sobald
nuair a	nuė^{i}r ė	als, während

	go / nach + tá	tå
wird zu	**go / nach bhfuil**	go / na~~ch~~ wil
	go / nach + bhí	vii
wird zu	**go / nach raibh**	go / na~~ch~~ ro
	go / nach + is	is
wird zu	**gur / nár**	gur / når

Stehen die Verben tá *(sein),* bhí *(war) und* is *(sein) nach* go *(dass) bzw.* nach *(dass nicht), werden sie durch ihre abhängigen Formen ersetzt (vgl. Seite 56). Alle anderen Verben, die nach* go *bzw.* nach *stehen, werden eklipsiert.*

Dialektvariante: raibh *wird in Munster* rev *anstelle von* ro *ausgesprochen.*

Nach a ė tritt Lenition ein. Tá wird dabei zu einer Sonderform verbunden:

a + tá	tå	*wird zu*	**atá**	ėt<u>å</u>

Tá a fhios ag Pól gur Gearmánach é an fear.
tå's eg pool gur gärėmånė~~ch~~ ee 'n fär.
ist sein Wissen bei Pól dass-ist Deutscher ihn der Mann
Pól weiß, dass der Mann Deutscher ist.

Chuala mé an scéal nuair a bhí mé in Éirinn.
~~ch~~uėlė mee 'n schkeel nuė^{i}r ė vii mee in eerin
hörte ich die Geschichte während P war ich in Irland
Ich hörte die Neuigkeiten, als ich in Irland war.

Tá mé cinnte go mbeidh sibh sásta leis an lóistín.
tå mee kintė go mej schiv såstė lesch ė' looschtiin
bin ich sicher dass sein-werdet ihr zufrieden mit der Unterkunft
Ich bin sicher, dass ihr mit der Unterkunft zufrieden sein werdet.

Verhältniswörter

Oftmals wird das auf ein Verhältniswort (Präposition) folgende Wort leniert oder eklipsiert (in der Tabelle mit „*L!*“ bzw. „*E!*“ kenntlich gemacht). Zudem verschmelzen die Verhältniswörter teilweise mit dem Artikel.

es folgt:	HW ohne Art.	HW mit *Ez*-Art. an	HW mit *Mz*-Art. na
auf	**ar** er *(L!)*	**ar an** *(E!)*	**ar na**
aus	**as** as	**as an** *(E!)*	**as na**
bei	**ag** eg	**ag an** *(E!)*	**ag na**
in	**i** / **in** *(E!)* (**in** *vor Selbstlaut)*	**sa** *(E!)*	**sna**
mit	**le** lė **(h-...)**	**leis an** lesch ėn *(E!)*	**leis na** *(E!)*
nach	**go** go **(h-...)**	**go dtí an** go dii ėn	**go dtí na**
über	**thar** har *(L!)*	**thar an** *(E!)*	**thar na**
unter	**faoi** f^{u}ii *(L!)*	**faoin** *(E!)*	**faoi na**
von	**ó** oo **(h-...,** *L!***)**	**ón** *(E!)*	**ó na**
von	**de** dė *(L!)*	**den** *(L!)*	**de na**
zu	**do** do *(L!)*	**don** *(L!)*	**do na**
zwischen	**idir** idėr	**idir an**	**idir na**

Manchmal wird einem mit Selbstlaut beginnenden Wort ein h *vorangestellt, wie in* go hÉirinn go heerin *(nach Irland), was in der Tabelle mit „*h-...*" kenntlich gemacht wird.*

Dialektvariante:
Im Dialekt von Ulster tritt nach ag an, ar an, as an, faoin, sa *und* ón *meist Lenition ein. Die Standardgrammatik gibt diese Variante als Alternative zu obiger Regel an.*

Tá an t-arán ar an mbord.
tå 'n tarån er ė' maurd
ist das Brot auf der Tisch
Das Brot ist auf dem Tisch.

Tá mé anseo le mo charr.
tå mee ėnscho lė mo ~~ch~~år
bin ich hier mit mein Auto
Ich bin mit meinem Auto hier.

ag	eg		bei
agam	agėm	*bei-ich*	bei mir
agat	agėt	*bei-du*	bei dir
aige	ägė	*bei-er/es*	bei ihm
aici	äki	*bei-sie*	bei ihr

Dialektvariante:
In Spiddle (Connacht), einem bei Irischlernern beliebten Ort, spricht man aici *als „*äkė*" und* agaibh *als „*agii*" aus.*

Verhältniswörter

Beachten Sie: Verhältniswörter werden im Irischen personengebeugt, d. h. sie verschmelzen mit den persönlichen Fürwörtern. In diesem Sprechführer werden allerdings nur die wichtigsten Verbindungen aufgeführt. Für Neugierige und Hochmotivierte sind in der Literaturliste einige Bücher zum Weiterlernen aufgeführt.

againn	agė^{i}n	*bei-wir*	bei uns
agaibh	agiv	*bei-ihr*	bei euch
acu	aku	*bei-sie*	bei ihnen

Zusammen mit dem Verb tá (sein) bekommt die folgende Formulierung die Bedeutung von „haben, besitzen".

Tá Béarla agam.
tå beerlė agėm
ist Englisch bei-ich
Ich spreche Englisch.
(eigentlich: „Ich habe Englisch".)

Dialektvariante: In Spiddle spricht man uirthi *als* „orhė" *und* oraibh *als* „orii" *aus.*

ar	er		auf
orm	orėm	*auf-ich*	auf mir
ort	ort	*auf-du*	auf dir
air	er	*auf-er/es*	auf ihm
uirthi	erhi	*auf-sie*	auf ihr
orainn	orė^{i}n	*auf-wir*	auf uns
oraibh	oriv	*auf-ihr*	auf euch
orthu	orhu	*auf-sie*	auf ihnen

Beidh tart ort.
bej tart ort
sein-wird Durst auf-du
Du wirst Durst haben.

Tá ar Mháirín Gaeilge a fhoghlaim.
tå er wåriin g^{u}eelgė' oolė^{i}m
ist auf Máirín Irisch P Lernen
Máirín muss Irisch lernen.

do	do		zu
dom	dom	*zu-ich*	zu mir
duit	d^{u}it	*zu-du*	zu dir
dó	doo	*zu-er/es*	zu ihm
di	di	*zu-sie*	zu ihr
duinn	d^{u}in	*zu-wir*	zu uns
daoibh	d^{u}iiv	*zu-ihr*	zu euch
dóibh	doo^{i}v	*zu-sie*	zu ihnen

Dialektvariante: In Connemara lauten die gebeugten Formen dhom ~~ehr~~om, dhuit ~~ehr~~it *usw. In Donegal wird die 1. Person Einzahl* dom *als „*duu*“ ausgesprochen.*

Do steht oftmals nach Verben, die im Deutschen den Wemfall (Dativ) und im Englischen das Verhaltniswort to verlangen:

Tabhair dom an t-airgead.
too^{i}r dom ė' tärėgėd
gib zu-ich das Geld
Gib mir das Geld.

Beidh sé ag taispeáint an rothair duit.
bej schee'g taschpå^{i}nt ė' rohė^{i}r d^{u}it
sein-wird er bei Zeigen das Fahrrad zu-du
Er wird dir das Fahrrad zeigen

le	lė		mit
liom	l^{j}om	*mit-ich*	mit mir
leat	l^{j}ät	*mit-du*	mit dir
leis	lesch	*mit-er/es*	mit ihm
léi	leej	*mit-sie*	mit ihr
linn	lin	*mit-wir*	mit uns
libh	liv	*mit-ihr*	mit euch
leo	l^{j}oo	*mit-sie*	mit ihnen

Verschiedene Verbbedeutungen werden durch is (sein) + Eigenschaftswort + le und einer Personenangabe wiedergegeben. „Haben“ im Sinne von „besitzen“ wird durch is le (sein mit) und einer Personenangabe ausgedrückt.

Is maith liom Conamara.	**Is leis é an carr.**
is ma lʲom konėmara	is lesch ee 'n kår
ist gut mit-ich Connemara	*ist mit-er es das Auto*
Ich mag Connemara.	Das Auto gehört ihm.

Dialektvarianten: In Donegal wird uaim *auch als* „uem“, uait *auch als* „uet“ *ausgesprochen, usw. In Munster wiederum auch* uaim *als* „wuam“, uait *auch als* „wuaʲt“ *usw.*

ó	oo		von
uaim	wem	*von-ich*	von mir
uait	wet	*von-du*	von dir
uaidh	wej	*von-er/es*	von ihm
uaithi	wehii	*von-sie*	von ihr
uainn	wen	*von-wir*	von uns
uaibh	web	*von-ihr*	von euch
uathu	wehu	*von-sie*	von ihnen

Tá mála anseo ó Bhrian.
tå mâlė ėnscho oo vriėn
ist Tasche hier von Brian
Eine Tasche von Brian ist da.

Das Verb tá (sein) in Kombination mit dem personengebeugten Verhältniswort ó bedeutet „brauchen“:

Tá bainne uaim.
tå banʲė wem
ist Milch von-ich
Ich brauche Milch.

Die drei Fälle

Das Irische hat im Gegensatz zum Deutschen nur drei Fälle:

Der 1. Fall (Nominativ) ist die Grundform des Hauptwortes, nach der mit „wer?“ oder „was?“ gefragt wird. Es ist auch die Nennform in Wörterbüchern. Der irische 1. Fall übernimmt auch die Funktion des deutschen 4. Falls (Akkusativ, Frage: „wen?“ oder „was?“). Der deutsche 3. Fall (Dativ, Frage: „wem?“) wird oft mit dem Verhältniswort do gebildet.

Der irische 2. Fall (Genitiv, Frage: „wessen?“) ist dem deutschen 2. Fall ähnlich. Mit ihm werden Herkunft, Material und Besitz ausgedrückt. Hauptwörter, denen ein weiteres, im 2. Fall gebeugtes Hauptwort folgt, stehen übrigens immer ohne Artikel. Wörter, die im 2. Fall gebeugt sind, werden in den Wort-für-Wort-Übersetzungen mit einer hochgestellten Zwei „^{2}“ gekennzeichnet.

Irisch kennt außerdem den im Deutschen nicht existierenden Anredefall (Vokativ).

2. Fall (Genitiv) mit Artikel, Einzahl

Hauptwörter, die mit dem bestimmten Artikel stehen, verändern sich am Wortanfang, wenn sie im 2. Fall gebeugt werden. Die wichtigste Regel ist, dass männliche Wörter leniert werden, weibliche hingegen nicht; also genau andersherum, als es im 1. Fall gemacht wird. Darüber hinaus wird der Artikel im 2. Fall vor weiblichen Wörtern zu na nė.

Vergleichen Sie das männliche Wort ceirnín (Schallplatte) im 1. und 2. Fall:

an ceirnín	**ceol an cheirnín**
ė' kerniin	k^{j}ool ė' cherniin
die Schallplatte	*Musik die Schallplatte*[2]
die Schallplatte	die Musik der Schallplatte

Und hier als Beispiel noch das weibliche Wort gloine (Glas):

an gloine	**uisce na gloine**
ė' ~~chr~~l^{u}inė	ischkė nė gl^{u}inė
das Glas	*Wasser das Glas*[2]
das Glas	das Wasser des Glases

Beugungsklassen

Leider gibt es abgesehen von den obigen Grundregeln noch viele spezielle Regeln, nach denen sich das Wort verändert. Allerdings wird von jüngeren Muttersprachlern immer öfter sowieso der 1. Fall anstelle des 2. Falls benuzt. Daher sollen hier nur die wichtigsten Bildungsregeln für den 2. Fall aufgeführt werden. Die Zahlen stehen in der folgenden Übersicht für die Beugungsklassen, „*w*“ und „*m*“ für das grammatische Geschlecht.

Der 2. Fall Einzahl wird von den einzelnen Beugungsklassen wie folgt gebildet:

m1	„breiter“ Mitlaut wird durch „schlanken“ Mitlaut ersetzt: **bád** båd > **báid** bå'd (Boot)
w2	die Endung -e -ė oder -í -ii wird angehängt: **áit** å't > **áite** å'tė (Ort)
m/w3	die Endung -a -ė wird angehängt: **dochtúir** > **dochtúra** (Arzt) do~~ch~~tuu'r do~~ch~~tuurė
m/w4	bleibt unverändert: **trá** trå > **trá** trå (Strand)

Es gibt übrigens mehr als vier Beugungsklassen. Wissensdurstige finden in der Literaturliste im Anhang Titel von Lehrbüchern und Grammatiken zum Nachschlagen.

2. Fall Mehrzahl

Endet ein Wort in der Mehrzahl auf einen Mitlaut, wie z. B. fir (Männer), oder auf -a, wie z. B. bróga (Schuhe), so ist der 2. Fall Mehrzahl mit dem 1. Fall Einzahl identisch. Bei allen anderen Wörtern gibt es in der Mehrzahl keinen Unterschied zwischen dem 1. und 2. Fall.

Männliche wie weibliche Hauptwörter werden im 2. Fall Mehrzahl nach dem Artikel na eklipsiert. Beginnen sie mit einem Selbstlaut, so wird n- vorangestellt.

na bróga
nė broogė
die Schuhe
die Schuhe

luach na mbróg
luė~~ch~~ nė mroog
Wert die Schuhe[2]
der Wert der Schuhe

na habairtí	**brí na n-abairtí**
nė håbė^{i}rtii	brii nė nabė^{i}rtii
die Sätze	*Bedeutung die Sätze^{2}*
die Sätze	die Bedeutung der Sätze

Anwendung des 2. Falls

Stehen zwei Hauptwörter nacheinander, wird das zweite davon immer im 2. Fall gebeugt. Dabei ist zu beachten, dass auch Tätigkeitshauptwörter zu den Hauptwörtern zählen.

Tá muintir na háite go deas.
tå m^{u}intir nė hå^{i}tė go d^{j}äs
sind Leute der Ort^{2} P nett
Die Einheimischen sind nett.

Tá sé ag ceannach feola.
tå schee'g k^{j}änė~~ch~~ f^{j}oolė
ist er bei Kaufen Fleisch^{2}
Er kauft gerade Fleisch.

Fremdsprachige Namen beugt man in der Regel nicht.

Anredefall (Vokativ)

Redet man jemanden an, so verwendet man für den Namen den Anredefall. Diesem Fall geht die Partikel a ė voraus, die jedoch oftmals in der gesprochenen Sprache nicht zu hören ist. Der Name oder Begriff wird, wenn möglich, leniert.

Eine Liste irischer Namen im Anredefall finden Sie auf Seite 101.

cailín	kaliin	Mädchen
a chailín	ė ~~ch~~aliin	Mädchen!

Verneinung

Im Irischen werden Aussagesätze verneint, indem ní (für Sätze in der Gegenwart und Zukunft) bzw. níor (für Sätze in der Vergangenheit) an den Satzanfang gestellt wird. Ní und níor lenieren das nachfolgende Verb.

Verneinung von Aussagesätzen

Ní thuigim Gearmáinis.
nii higim gärėmånisch
nicht verstehe-ich Deutsch
Ich verstehe kein Deutsch.

Ní cheannóidh sí na bróga.
nii chʲänooj schii nė broogė
nicht kaufen-wird sie die Schuhe
Sie wird die Schuhe nicht kaufen.

Níor ól tú uisce beatha.
niir ool tuu ischkė bäha
nicht trankst du Wasser Leben[2]
Du hast keinen Whiskey getrunken.

Níor thuig siad an scéal.
niir hig schiėd ė' schkeel
nicht verstanden sie die Geschichte
Sie verstanden die Geschichte nicht.

unregelmäßige Verneinung

Einige unregelmäßige Verben haben zu allem Überfluss auch noch spezielle Verneinungsformen.

chuigh sé ~~ch~~ui schee	er ging
ní dheachaigh sé nii jä~~ch~~ii schee	er ging nicht
dúirt sé duu^{i}rt schee	er sagte
ní dúirt sé nii duu^{i}rt schee	er sagte nicht
rinne sé rinė schee	er machte
ní dhearna sé nii järnė schee	er machte nicht
fuair sé fuė^{i}r schee	er bekam
ní bhfuair sé nii wuė^{i}r schee	er bekam nicht

Dialektvariante: In Spiddle níor úirt sé „niir uu^{i}rt schee“.

Verneinung von *tá* (sein)

tá	ist	**níl**	ist nicht
tå		niil	
bíonn	ist häufig	**ní bhíonn**	ist häufig nicht
biièn		nii viièn	
bhí	war	**ní raibh**	war nicht
vii		nii ro	
beidh	wird sein	**ní bheidh**	wird nicht sein
bej		nii wej	

Das Verb tá *(sein) hat in der Gegenwart, Vergangenheit und Zukunft besondere Verneinungsformen.*

Dialektvariante: ní raibh *wird in Munster „*nii rev*“ ausgesprochen.*

Níl sé go maith.
niil schee go ma
nicht-ist er P gut
Ihm geht es nicht gut.

Ní bheidh an aimsir go maith amárach.
nii vej èn äimschir go ma èmårè~~ch~~
nicht sein-wird das Wetter P gut morgen
Morgen wird das Wetter nicht gut sein.

Verneinung von *is*-Sätzen

Werden Aussagesätze mit is verneint, verschmilzt ní mit is zu ní. Die persönlichen Objektfürwörter é ee (er, es), í ii (sie, *Ez*) und iad ièd (sie, *Mz*) werden nach ní zu hé, hí und hiad.

Ní Éireannach mé.
nii eerènè~~ch~~ mee
nicht-bin Ire mich
Ich bin kein Ire.

Ní hé an sagart é.
nii hee 'n sagèrt ee
nicht-ist ihn der Priester ihn
Er ist nicht der Priester.

Fragen

Man unterscheidet zwischen Entscheidungsfragen, auf die man nur mit „ja“ und „nein“ antworten kann, und Ergänzungsfragen, die durch ein konkretes Fragewort (z. B. „wann?“, „warum?“ usw.) eingeleitet werden.

Entscheidungsfragen

Für Sätze in der Gegenwart und Zukunft wird dem Aussagesatz die Fragepartikel an vorangestellt. Das nachfolgende Wort wird dadurch eklipsiert. Die Fragepartikel (abgekürzt: „*FP*“) hat keine eigene Wortbedeutung, sondern lediglich die Funktion, den Satz als Frage zu kennzeichnen.

Bei den Antworten auf Entscheidungsfragen ist zu beachten, dass das Irische gar keine eigenen Wörter für „ja“ und „nein“ hat. Statt dessen wird das Verb der Frage wiederholt, wenn man mit „ja“ antworten will. Soll die Antwort „nein“ lauten, so wird die verneinte Form des Verbs benutzt. Nachgestellte persönliche Fürwörter entfallen in der Antwort.

An dtuigeann tú Gearmáinis?
ė' d^u^igėn tuu gärėmånisch
FP verstehst du Deutsch
Verstehst du Deutsch?

Tuigim.
t^{u}igim
verstehe-ich
Ja.

Ní thuigim.
nii higim
nicht verstehe-ich
Nein.

An íosfaidh siad iasc?
ėn iishė schiėd iėsk
FP essen-werden sie Fisch
Werden sie Fisch essen?

Íosfaidh.
iishė
essen-werden
Ja.

Ní íosfaidh.
nii iishė
nicht essen-werden
Nein.

Für Sätze in der Vergangenheit lautet die Fragepartikel ar ėr. Das nachfolgende Wort wird dabei leniert.

Ar thuig sí an scéal?
ėr hig schii 'n schkeel
FP verstand sie die Geschichte
Hat sie die Geschichte verstanden?

Thuig.
hig
verstand
Ja.

Níor thuig.
niir hig
nicht verstand
Nein.

Einige wenige unregelmäßige Verben haben unregelmäßige Frageformen. Das bedeutet, dass entweder die Art der Fragebildung von den Regeln abweicht, oder dass das Verb in der Frage anders lautet als im Aussagesatz.

chuaigh sé ~~ch~~ui schee	er ging
an ndeachaigh sé? ė' njä~~ch~~ii schee	ging er?
chonaic sé ~~ch~~onik schee	er sah
an bhfaca sé? ė' wakė schee	sah er?
fuair sé fuėir schee	er bekam
an bhfuair sé? ė' wuėir schee	bekam er?
gheobhaidh sé joohė schee	er wird bekommen
an bhfaighidh sé? ė' wihii schee	wird er bekommen?

Das Verb tá (sein) und dessen Zeitformen werden nach an eklipsiert, sofern es keine abhängige Form gibt.

tá tå	*wird in der Frage zu:*	**an bhfuil** ė' wil
bíonn biiėn	*wird in der Frage zu:*	**an mbíonn** ė' miiėn
bhí vii	*wird in der Frage zu:*	**an raibh** ė' ro
beidh bejė'	*wird in der Frage zu:*	**an mbeidh** ė' mej

Dialektvariante: an raibh *wird in Munster* „ė' rev" *ausgesprochen.*

An bhfuil tú ag dul go dtí an baile mór?
ė' wil tuu'g dul go dii 'n ba'lė moor
FP bist du bei Gehen zu die Ortschaft groß
Gehst du gerade in die Stadt?

Tá.	**Níl.**
tå	niil
sein	*nicht-sein*
Ja.	Nein.

An raibh tú i Meiriceá?	**Bhí.**	**Ní raibh.**
ė' ro tuu i merėkå	vii	nii ro
FP warst du in Amerika	*war*	*nicht war*
Warst du in Amerika?	Ja.	Nein.

An mbeidh siad ag teacht anseo?
ė' mej schiėd eg t'ä~~eh~~t ėnscho
FP sein-wird sie bei Kommen hier
Werden sie hierher kommen?

Beidh.	**Ní bheidh.**
bej	nii vej
sein-werden	*nicht sein-werden*
Ja.	Nein.

Wird aus einem Aussagesatz mit is (sein) eine Frage gebildet, lautet die Fragepartikel an, und is entfällt dabei ganz. Hier beginnt nun eine der größeren Schwierigkeiten der irischen Sprache, denn leider haben Klassifizierungs- und Identifizierungssätze unterschiedliche Formen für „ja" und „nein":

„Ja“ heißt in Klassifizierungssätzen stets sea schä, „nein“ immer ní hea nii hä.

An Gearmánach thú?	**Sea.**	**Ní hea.**
ėn gärėmånė~~ch~~ huu	schä	nii hä
FP Deutsche(r) du	*es-ist*	*nicht es-ist*
Bist du ein(e) Deutsche(r)?	Ja.	Nein.

Bei Identifikationssätzen wird in der Antwort das entsprechende persönliche Fürwort in der Objektform dem is (Antwort „ja“) bzw. ní (Antwort „nein“) nachgestellt.

An tú an Gearmánach?	**Is mé.**	**Ní mé.**
ėn tuu 'n gärėmånė~~ch~~	is mee	nii mee
FP du der/die Deutsche(r)	*bin mich*	*nicht-bin mich*
Bist du der / die Deutsche?	Ja.	Nein.

Ergänzungsfragen

Ergänzungsfragen werden im Deutschen mit spezifischen Fragewörtern, z. B. „wer?“, „wie viel?“, „wann?“, gebildet. Im Irischen gibt es viel weniger Fragewörter. Durch deren Kombination mit Hauptwörtern, Verhältniswörtern und verschiedenen Satzarten kann man mit ihnen aber dennoch alles erfragen.

Cé kee (wer) ist ein häufiges Element solcher Fragewortkombinationen. In der Tabelle stehen alle Angaben, die man benötigt, um Ergänzungsfragen zu bilden. Wie üblich steht *„L!“* für Lenition. *„E!/A!“* bedeutet, dass entweder eklipsiert, oder, falls vorhanden, eine abhängige Form des Verbs verwendet wird. Außerdem ist zu beachten:

Stehen Fragewörter vor Verben, wird das Wörtchen a ė dazwischengeschoben, das allerdings in der gesprochenen Sprache zumeist verschluckt wird.

Tá wird nach „*L!*" nicht leniert, sondern verschmilzt mit a zu atá ėtå.

Die verneinte Form von a ist nach (dass nicht), worauf die abhängige Form des Verbs bzw. ein eklipsiertes Verb folgt.

Die Abkürzung „*Eig.*" steht für ein Eigenschaftswort.

Die Abkürzung „*PF*" in der folgenden Liste steht für ein persönliches Fürwort. Hier muss eine Objektform, und zwar diejenige, die sich auf das folgende Hauptwort bezieht, eingesetzt werden (z. B. „*ihn* [= *er*] *der Mann*"). É, í und iad werden dabei aber zu hé, hí und hiad.

cé + *PF* + *Hauptwort* kee	wer (ist jemand)?
cé a (*L!*) kee'	wer (tut etw. / ist wie)?
cé aige a bhfuil + *Hauptwort* kee ägė 'wil	wer hat (etwas)?
cén + *Hauptwort* + **a** (*L!*) keen … ė	welche, -r, -s?
cén uair a (*L!*) keen uėr ė	wann?
cé mhéad a (*L!*) kee veed ė	wie viel(e)?

Dialektvariante: In Connacht und Ulster wird für „warum“ auch tuige *gesagt.*

cén fáth a *(E!/A!)* keen få’	warum?
cén chaoi a *(E!/A!)* kee’~~ch~~ii’	wie?
cé chomh + *Eig.* **is a** *(L!)* kee ~~ch~~oo ... is ė	wie (stark ist, *Eig.*)?
cá *(E!/A!)* kå	wo, wohin?
cé as + *Hauptwort* kee as	woher (ist jem.)?
céard a *(L!)* keerd ė	was (tut jem.)?
céard é + *Hauptwort* keerd ee	was (ist etwas)?
cé leis + *Hauptwort* kee lesch	wem gehört (etwas)?

Cé a cheanaíonn an t-im?
kee’ chʲäniiėn ė’ tiim
wer P kauft die Butter
Wer kauft die Butter?

Cé atá ann?
kee’tå ån
wer P-ist da
Wer ist da?

Cé hí an bhean seo?
kee hii ’n vän scho
wer sie die Frau diese
Wer ist diese Frau?

Cé thusa?
kee husė
wer dich
Wer bist du?

Cé aige a bhfuil an leabhar?
kee ägė’ wil ė’ lʲaur
wer bei-er P ist das Buch
Wer hat das Buch?

Cén lá atá inniu ann?
keen lå 'tå in^{j}u ån
welcher Tag P-ist heute da
Welcher Tag ist heute?

Cén uair a bhí sibh i nGallimh?
keen uė^{i}r ė vii schiv i ngaliv
welche Zeit P wart ihr in Galway
Wann wart ihr in Galway?

Cé mhéad a chosnaíonn só?
kee weed ė ~~ch~~osniiėn schee
wer Menge P kostet es
Wie viel kostet es?

Cén fáth a bhfuil Gaeilge agat?
keen få' wil g^{u}eelgė agėt
welcher Grund P ist Irisch bei-du
Wie kommt es, dass du Irisch sprichst?

Cén chaoi a bhfuil tú?
kee'~~ch~~ii' wil tuu
welche Weise P bist du
Wie geht es dir?

Cé chomh deacair is atá sé?
kee ~~ch~~oo d^{j}äkėr is ėt<u>å</u> schee
wer so schwer P-ist es
Wie schwer ist es?

Cén fáth nach bhfuil tú sásta?
keen få na~~ch~~ wil tuu såstė
welcher Grund dass-nicht bist du zufrieden
Warum bist du nicht zufrieden?

Cé leis an carr?
kee lesch ė kår
wer mit-er das Auto
Wem gehört das Auto?

In Fragen in der Verlaufsform, die mit cé *oder* céard *beginnen, wird das Verhältniswort* ag *durch die lenierende Partikel* a *ersetzt.*

Céard atá tú a dhéanamh?
keerd ėtå tuu ė jeenė
was P-bist du P Machen
Was machst du (gerade)?

Im Bereich der Fragewörter weichen die verschiedenen Dialekte teilweise erheblich voneinander ab. Die obige Liste zeigt die Fragewörter Connachts. Hier nun eine Auflistung von Varianten in Munster und Ulster:

Keine Sorge: Die Fragewörter sind bereits die schwierigsten Dialekt-Unterschiede. Achten Sie auf Signalwörter, wie as *für „woher“ (*cé as / cad as / cérb as / cá has*), und beschränken Sie sich zunächst auf die Connacht-Formen. Übrigens können auch innerhalb der Dialekte unterschiedliche Formen auftreten.*

Munster:		
cathain a (*L!*)	kahė^{i}n ė	wann?
cad chuige a (*E!/A!*)	kad ~~ch~~igė'	warum?
cad ina thaobh	kana hiiv	warum?
conas a (*L!*)	konės ė	wie (*tut jem etw. / ist etw.*)?
cad as + *Person*	kad as	woher?
cad é + *Hauptwort*	kad ee	was (*ist etwas*)?
cad a (*L!*)	kad ė	was (*tut jem.*)

Ulster:		
cá huair a (*L!*)	kaa huė^{i}r ė	wann?
cad chuige a (*E!/A!*)	kat^{u}ii'	warum?
goidé mar a (*L!*)	gėdjee mar ė	wie (*tut jem. / ist etw.*)?
cá has + *Person*	kaas	woher?
goidé + *Hauptwort*	gėdjee	was (*ist etw.*)?

Zahlen & Zählen

Oftmals wird man in der Gaeltacht hören, dass englische Zahlen verwendet werden, obwohl Irisch gesprochen wird. Dies gilt auch für die Uhrzeit und das Datum.

Grundzahlen

0	**náid**	nå^{i}d	5	**a cúig**	ė kuu^{i}g
1	**a haon**	ė heen	6	**a sé**	ė schee
2	**a dó**	ė doo	7	**a seacht**	ė schä~~eh~~t
3	**a trí**	ė trıı	8	**a hocht**	ė ho~~eh~~t
4	**a ceathair**	ė k^{j}ähė^{i}r	9	**a naoi**	ė n^{u}ii

10	**a deich**	ė dech / ė dė
11	**a haon déag**	ė heen deeg
12	**a dó dhéag**	ė doo jeeg
13	**a trí déag**	ė trii deeg
14	**a ceathair déag**	ė k^{j}ähė^{i}r deeg
15	**a cúig déag**	ė kuu^{i}g deeg
16	**a sé déag**	ė schee deeg
17	**a seacht déag**	ė schä~~eh~~t deeg
18	**a hocht déag**	ė ho~~eh~~t deeg
19	**a naoi déag**	ė n^{u}ii deeg

Die Grundzahlen werden nur für die Aufzählung verwendet, nicht jedoch zum konkreten Zählen von Personen oder Gegenständen. Zum Zählen werden nämlich besondere Zahlen benötigt, die im Unterkapitel „Zählen" aufgeführt sind.

Hunderter, Tausender usw. (z. B. 200, 300, 2000, 3000 ...) werden gezählt, indem man die Grundzahlen ohne die Partikel a vor die Zahl 100 bzw. 1000 stellt. Die Zahlen 1, 2, 4 haben jedoch Sonderformen. Zu beachten ist, dass das h von hocht ohne die Partikel a entfällt.

Ab und zu hört man auch scór *statt* fiche. *Mancherorts sagt man für 40 auch* ceathracha käręė~~ch~~ė.

20	**fiche**	fichė
30	**tríocha**	triiė~~ch~~ė
40	**daichead**	dachėd
50	**caoga**	k^{u}iigė
60	**seasca**	schäskė
70	**seachtó**	schä~~ch~~too
80	**ochtó**	o~~ch~~too
90	**nócha**	noo~~ch~~ė

Für die zusammengesetzten Zahlen werden die Zahlen 1 bis 9 einfach den betreffenden Zahlwörtern nachgestellt. Zahlen über 19, die den Hundertern und höheren Zahlen nachgestellt werden, stehen ohne die Partikel a. *Die vollen Zehner von 20 bis 90 (z. B. also 120, 130, 140, 150 usw.) bilden aber wiederum eine Ausnahme: Sie werden mit* is *(und) angefügt.*

100	**céad**	keed
200	**dhá chéad**	~~chr~~å cheed
300	**trí chéad**	trii cheed
400	**ceithre chéad**	kerė cheed

1000	**míle**	miilė
2000	**dhá mhíle**	~~chr~~å viilė
3000	**trí mhíle**	trii viilė
4000	**ceithre mhíle**	kerė viilė
Million	**milliún**	mil^{j}uun

21	**fiche a haon**	fichė'heen
22	**fiche a dó**	fichė'doo
101	**céad a haon**	keed ė heen
1019	**míle a naoi déag**	miilė' n^{u}ii deeg
120	**céad is fiche**	keed is fichė
121	**céad fiche a haon**	keed fichė'heen

Zählen

Hauptwörter, die gezählt werden, stehen stets in der Einzahl. Nach den Zahlen 2 bis 6 wird das gezählte Hauptwort leniert, nach den Zahlen 7 bis 10 hingegen eklipsiert. Für die Zahl 1 gibt es mehrere Bildungsmöglichkeiten.

Im folgenden Beispiel werden Boote gezählt:

aon bhád amháin	een wåd ėwå^{i}n	*eins Boot nur*
bád amháin	båd ėwå^{i}n	*Boot nur*
bád	båd	*Boot*
ein Boot		

Beachten Sie: Die Zahlen 1, 2 und 4 (sowie die damit zusammengesetzten Zahlen 11, 12, 14) sind in Verbindung mit gezählten Hauptwörtern nicht mit den Grundzahlen identisch.

Nach den Zahlen 2 bis 6 wird das gezählte Hauptwort leniert:

dhá bhád	~~ehr~~å wåd	zwei Boote
trí bhád	trii wåd	drei Boote
ceithre bhád	kerė / cherė wåd	vier Boote
cúig bhád	kuu^{i}g / ~~eh~~uu^{i}g wåd	fünf Boote
sé bhád	schee wåd	sechs Boote

Nach den Zahlen 7 bis 10 wird das gezählte Hauptwort hingegen eklipsiert:

seacht mbád	schä~~eh~~t måd	sieben Boote
ocht mbád	o~~eh~~t måd	acht Boote
naoi mbád	n^{u}ii måd	neun Boote
deich mbád	dech / dė måd	zehn Boote

Bei zusammengesetzten Zahlen steht das Hauptwort zwischen dem Einer und dem Zehner (bzw. Hunderter, Tausender usw.), also nach dem Muster: „fünf ... und zwanzig“.

aon bhád déag een wåd deeg	elf Boote
fiche bád fichė båd	zwanzig Boote
cúig bhád is fiche kuu^{i}g wåd is fichė	fünfundzwanzig Boote
ocht mbád is fiche o~~ch~~t måd is fichė	achtundzwanzig Boote

© fk

Ordnungszahlen

Für die Bildung der Ordnungszahlen („erste(r, -s)“, „zweite(r, -s)“ usw.) werden die

Grundzahlen herangezogen und an diese die Endung -ú angehängt. Ausnahmen sind „erster“ und „zweiter“. Für die Zehnerzahlen von 30 bis 90 hängt man -dú an. Den Ordnungszahlen wird darüber hinaus stets der Artikel an vorangestellt.

1.	**an chéad** (*L!*)	ė' cheed
2.	**an dara**	ė' darė
3.	**an tríú**	ė' triiuu
4.	**an ceathrú**	ė' k'äruu
5.	**an cúigiú**	ė' kuu'g'uu
6.	**an séú**	ė' scheeuu
7.	**an seachtú**	ė' schä~~ch~~tuu
8.	**an t-ochtú**	ė' to~~ch~~tuu
9.	**an naoú**	ė' n^{u}iiuu
10.	**an deichiú**	ė' dechuu
11.	**an t-aonú ... déag**	ė' teenuu ... deeg
12.	**an dóú ... déag**	ė' doouu ... deeg
20.	**an fichiú**	ė' fichuu
21.	**an t-aonú ... is fiche**	ė' teenuu ... is fichė
30.	**an tríochadú**	ė' triiė~~ch~~ėduu

Chéad *(erste, -r, -s) verursacht Lenition am nachfolgenden Hauptwort (L!). Bei den zusammengesetzten Ordnungszahlen steht das Hauptwort ebenso wie bei den Grundzahlen zwischen dem Einer und dem Zehner (bzw. Hunderter usw.). Daher müssen Sie an der Stelle von „...“ das entsprechende gezählte Wort einsetzen.*

Zeit & Datum

Uhrzeit

Im Irischen wird bei der Uhrzeit das 12-Stunden-System verwendet. Uhrzeiten werden mit den Grundzahlen gebildet, denen a chlog ė ~~ch~~log (entlehnt von engl. o'clock = Uhr) nachgestellt werden kann.

Cén t-am é?
keen tam ee
was-die Zeit sie
Wie spät ist es?

Tá sé a ceathair a chlog.
tå schee' k^{i}ähė^{i}r ė ~~ch~~log
ist es vier Uhr
Es ist vier Uhr.

tar éis	tar eesch	nach
chun	~~ch~~un	vor
ceathrú	k^{i}äruu	viertel
leathuair	lähuė^{i}r	halbe Stunde

Tá sé a ceathrú tar éis a naoi.
tå schee' k^{i}äruu tar eesch ė n^{u}ii
ist es viertel nach neun
Es ist viertel nach neun.

Tá sé a ceathrú chun a dó.
tå schee' k^{i}äruu ~~ch~~un ė doo
ist es viertel zu zwei
Es ist viertel vor zwei.

Die halbe Stunde wird stets der vollen Stunde nachgestellt, d. h. „halb eins" wird im Irischen durch „halbe Stunde nach zwölf" formuliert.

Tá sé a leathuair tar éis a dó dhéag.
tå schee' lähuė^{i}r tar eesch ė doo jeeg
ist es halbe Stunde nach zwölf
Es ist halb eins.

Cén t-am a mbeidh sí anseo?
keen tam ė mej schii ėnscho
was-die Zeit die sein-wird sie hier
Wann wird sie hier sein?

Beidh sí anseo ag deich chun a cúig.
bej schii ėnscho eg dech ~~ch~~un ė kuu^{i}g
sein-wird sie hier bei zehn zu fünf
Sie wird zehn vor fünf hier sein.

deich tar éis a cúig
dech tar eesch ė kuuig
zehn über später P fünf
zehn nach fünf

allgemeine Zeitangaben

inniu	iniu	heute
inné	iniee	gestern
arú inné	aruu'niee	vorgestern
aréir	ėreer	gestern Abend
arú aréir	aruu'reer	vorgestern Abend
amárach	ėmårė~~ch~~	morgen
arú amárach	aruu'mårė~~ch~~	übermorgen
ar maidin	er madin	am Morgen
tráthnóna	trånoonė	Nachmittag / Abend
san oíche	san iichė	in der Nacht
anuraidh	ėnurė	letztes Jahr
arú anuraidh	aruu'nurė	vorletztes Jahr
i mbliana	i mliėnė	dieses Jahr
an bhliain seo chugainn	ė' vliėn scho ~~ch~~ugėin	nächstes Jahr
anois	ėnisch	jetzt
ansin	ėnschin	dann
i gcónaí	i goonii	immer
go minic	go minik	oft
go hannamh	go hanė	selten
ar ball beag	er bål biog	bald
níos déanaí	niis deenii	später
níos luaithe	niis luė	früher
gach lá	ga~~ch~~ lå	täglich

i gceann *(+ 2. Fall)* „in …“	**ó shin** „vor …“

i gceann dhá seachtaine
i g^{i}ån ~~ch~~rå schä~~ch~~té^{i}nė
in Ende zwei Woche[2]
in zwei Wochen

trí lá ó shin
trii lå oo hin
drei Tag vor
vor drei Tagen

seo caite „nächste/-r/-s …“	**seo chugainn** „vergangene(r,-s) …“

an tseachtain seo caite
e,' tä~~ch~~tė^{i}n scho ka^{i}tė
die Woche diese vergangen
vergangene Woche

an mhí seo chugainn
ė' vii scho ~~ch~~ugė^{i}n
der Monat dieser zu-uns
nächsten Monat

ar feadh *(+ 2. Fall)* „… lang“

ar feadh oíche
er fä iichė
auf Dauer Nacht[2]
eine Nacht lang

Wochentage

Dé Luain	dee luu^{i}n	Montag
Dé Máirt	dee må^{i}rt	Dienstag
Dé Céadaoin	dee keed^{u}iin	Mittwoch
Déardaoin	deerd^{u}iin	Donnerstag
Dé hAoine	dee hiinė	Freitag
Dé Sathairn	dee sahė^{i}rn	Samstag
Dé Domhnaigh	dee duunė	Sonntag

Monate

Eanáir	änå^{i}r	Januar
Feabhra	f^{j}auré	Februar
Márta	mårtė	März
Aibreán	aibrån	April
Bealtaine	bältė^{i}nė	Mai
Meitheamh	mehėv	Juni
Iúil	uu^{i}l	Juli
Lúnasa	luunėsė	August
Meán Fómhair	m^{j}ån fuuwė^{i}r	September
Deireadh Fómhair	derė fuuwė^{i}r	Oktober
Samhain	sau^{i}n	November
Mí na Nollag	mii nė nollėg	Dezember

Datum

Datumsangaben werden mit Ordnungszahlen nach dem Muster „der ...-te Tag des ...“ gebildet.

an chéad lá de Lúnasa
ė' cheed lå dė luunėsė
der erste Tag von August
der erste August

an tríú lá déag de Mheitheamh
ė' triiuu lå deeg dė vehėw
der dritte Tag zehn von Juni
der dreizehnte Juni

© fk

Kurz-Knigge

Die Freundlichkeit und Herzlichkeit der Iren prägt das Bild der grünen Insel. Allerdings wird den Iren auch Oberflächlichkeit nachgesagt. Ihr offenes Verhalten gegenüber Fremden wird oft mit einer Freundschaftsbekundung verwechselt, die nicht unbedingt beabsichtigt war. Daher sollte man mit dem Vorurteil der Oberflächlichkeit vorsichtig sein. – Übrigens: Ein Anspruch auf irische Freundlichkeit besteht nicht. Seien Sie daher nicht böse, wenn Sie in Anbetracht der vielen Besucher mal nicht gegrüßt werden.

Es ist üblich, Leute einander vorzustellen. Sich mit jemanden zu unterhalten und den Begleiter nicht mit Namen vorzustellen, gilt als unhöflich und erfordert eine Entschuldigung. Wird man jemandem vorgestellt, so sollte man dieser Person auch Aufmerksamkeit und Interesse widmen.

Man isst nichts, ohne dem anderen etwas anzubieten. Der wird oft erst einmal ablehnen, worauf man die Frage „Are you sure?" oder An bhfuil tú cinnte? stellt. Lehnt er dann erneut ab, so will er wirklich nichts. Selber sollte man bei Aufforderung nur bescheiden zugreifen, wenn der Einladende Sie nicht von vorneherein mit eingeplant hat.

Durch ein leichtes Senken des Kopfes zur Seite sagt man „hallo". Autofahrer heben zum Gruß einen Zeigefinger.

Im Kapitel „Anrede" sind einige häufige Vornamen, ihre Anredeformen und die offiziellen englischen „Übersetzungen" aufgelistet.

Pünktlichkeit ist nicht grade die Stärke der Iren. Zu Partys, die um acht Uhr beginnen, treffen viele Gäste erst gegen zehn ein. Dementsprechend verständnisvoll beurteilt man Verspätungen.

In „Pubs", die ja keine Tischbedienung haben, holt man sich gegenseitig Getränke. Das Bier, das man Ihnen bringt, verpflichtet meistens dazu, dem anderen das nächste zu kaufen. Wenn man nicht genug Geld für eine Runde dabei hat, ist es durchaus üblich, darauf hinzuweisen und dem, der das Getränk geholt hat, das Geld dafür zuzustecken.

© fk

Die irisch-gälische Namensgebung

Das alte gälische Namenssystem in seiner reinen Form wird immer brüchiger. Gerade jüngere Leute benutzen gerne die anglisierten Formen der Familiennamen. In der Gaeltacht besteht bei der Wahl der Vornamen ein Trend zu englischen Namen, während irische Vornamen in den Städten sehr populär sind. Üblich ist es auch, bei englischer Konversation eine englischsprachige, bei irischer Konversation eine irische Form zu benutzen. Viele Sprachaktivisten bevorzugen die irische Form ihres Namens oder lehnen die englische Version gar ab, auch wenn sie ursprünglich einen englischen Vornamen und die anglisierte Form eines irischen Nachnamens trugen. Es ist ohne weiteres möglich und auch üblich, den Namen im Pass und anderen Dokumenten ins Irische übersetzen zu lassen.

Die „O's" und auch die „Mac's" sind typische Elemente irischer Namen, die auch in den anglisierten Formen auftreten: So heißt John O'Brian auf irisch Seán Ó Briain schån oo brie^{i}n, also „Seán, Nachfahre des Brian". Seine Tochter Mary O'Brian heißt auf irisch Máire Ní Bhriain må^{i}rė nii vrie^{i}n, „Máire, Tochter des Nachfahren des Brian". Seine Ehefrau Bridget O'-Brian wird Bríd bean Uí Bhriain briid bän ii vrie^{i}n, d. h. „Bríd, Frau des Nachfahren des Brian" genannt.

Patrick McMahons Name hat die irische Form Pádraig Mac Mathúna pådrig mak mahuunė, „Pádraig, Sohn des Mathúin“. Seine Frau Gráinne McMahon wird in der alten Sprache zu Gráinne bean Mhic Mhathúna gråinė bän wik wahuunė, „Gráinne, Frau des Sohnes des Mathúin“. Deren Tochter Sarah McMahon kann sich Sorcha Nic Mhathúna sorėchė nik wahuunė, „Sorcha, Tochter des Sohnes des Mathúin“ nennen.

Daneben gibt es noch einige Namen ohne die Elemente Ó, Ní, Mac und Nic, die oftmals normannischer Herkunft sind. Sinéad De Burgh und Peter De Burgh heißen auf Irisch Sinéad de Búrca schineed dė buurkė und Peadar de Búrca päder dė buurkė.

Anrede

In Irland spricht man sich meistens mit dem Vornamen an. Es gibt im Irischen mehrere Möglichkeiten zu einer formellen Anrede nach dem Muster „Herr / Frau ...“. Da sie aber komplizierter sind, so unangenehme Erscheinungen wie die Beugung im 2. Fall mit sich bringen und darüber hinaus sowieso selten vorkommen, schlage ich vor, im Notfall einfach das englische „Mister“ oder „Missis“ zu verwenden.

Das Irische hat einen besonderen Anredefall (vgl. Seite 74). Spricht man jemanden an, so beginnt man mit der Partikel a ė, die aber von den Muttersprachlern beim Sprechen meist verschluckt wird. Das folgende Wort wird dann leniert und, wenn es auf einen dunklen Mitlaut endet und männlich ist, am Wortende aufgehellt. Bei fremdsprachigen Namen (einschließlich englischen) wird normalerweise kein Anredefall gebildet. Unter jüngeren Leuten wird es immer üblicher, den 1. Fall, also Seán statt a Sheáin, zu verwenden.

Hier eine Liste irischer Namen, der dazugehören Anredeformen und den offiziellen englischen „Übersetzungen“:

Irischer Name	Anredefall	*englische Form:*
Bairbre ba^{i}rėbrė	**a Bhairbre** ė wa^{i}rėbrė	Barbara
Brian briėn	**a Bhriain** ė vriė^{i}n	Brian
Bríd briid	**a Bhríd** ė vriid	Bridget
Cáit kå^{i}t	**a Cháit** ė ~~ch~~å^{i}t	Kate
Caitríona ka^{i}triiėnė	**a Chaitríona** ė ~~ch~~a^{i}triiėnė	Catherine
Caoimhín k''iiviin	**a Chaoimhín** ċ ~~ch~~iiviin	Kevin
Colm kolėm	**a Choilm** ė ~~ch~~o^{i}lėm	Colm
Éamann eemėn	**a Éamainn** ’eemė^{i}n	Eamon
Eibhlín evliin	**a Eibhlín** ’evliin	Eileen
Gearóid gäroo^{i}d	**a Ghearóid** ė järoo^{i}d	Garret
Máire må^{i}rė	**a Mháire** ė wå^{i}rė	Mary
Nóirín noo^{i}riin	**a Nóirín** ė noo^{i}riin	Noreen
Pádraig pådrig	**a Pháidrig** ė fådrig	Patrick
Séamas scheemės	**a Shéamais** ė heemėsch	James
Seán schån	**a Sheáin** ė hå^{i}n	John
Sinéad schineed	**a Shinéad** ė hineed	Jane
Siobhán schiwån	**a Shiobhán** ė hiwån	Susan
Sorcha sorė~~ch~~ė	**a Shorcha** ė horė~~ch~~ė	Sarah
Tomás tomås	**a Thomáis** ė homåsch	Thomas

Begrüßen & Verabschieden

Die übliche irische Begrüßung kann zu jeder Tageszeit angewendet werden; sie ist dem süddeutschen „Grüß Gott“ sehr ähnlich. Der Gruß und die dazugehörige Antwort lauten:

Beachten Sie: Begrüßt man mehrere Personen, so wird dhuit *durch* dhaoibh chriiv *(„zu-ihr“) ersetzt.*

Dia dhuit!
diė chrit
Gott zu-du
Gott mit dir!

Dia's Muire dhuit!
diė's m^{u}erė chrit
Gott und Maria zu-du
Gott und Maria mit dir!

Dialektvariante: In Donegal sagt man: Maidin mhaith madjin waj.

Dia dhuit ar maidin!
diė chrit er madin
Gott zu-du auf Morgen
Guten Morgen!

Weniger förmlich ist es, einfach mit haló, der Frage nach dem Befinden oder einer Bemerkung über das Wetter zu grüßen.

Cén chaoi a bhfuil tú?
kee'chii' wil tuu
was-die Weise die bist du
Wie geht es dir?

Cén chaoi a bhfuil tú féin?
kee'chii' wil tuu hee^{i}n
was-die Weise die bist du selbst
Und wie geht es dir? *(Gegenfrage)*

Tá mé go dona.
tå mee go donė
bin ich P schlecht
Mir geht es schlecht.

Tá mé go maith, go raibh maith agat.
tå mee go ma go rė' ma hagėt
bin ich P gut möge sein Gutes bei-du
Mir geht es gut, danke.

Tá an lá go deas.
tå 'n lå go dʲäs
ist der Tag P nett
Es ist ein schöner Tag.

Tá an lá go dona.
tå 'n lå go donė
ist der Tag P schlecht
Es ist ein schlechter Tag.

Mit einem Smartphone können Sie sich die mit einem gekennzeichneten Sätze dieses Kapitels anhören. Scannen Sie einfach den QR-Code mit Hilfe einer kostenlosen App (z. B. „Barcoo" oder „Scanlife").

Antworten kann man mit einer eigenen Einschätzung:

Tá sé ceart go leor / go deas / fliuch / gaofar.
tå schee kʲärt go lʲoor / go dʲäs / flʲu~~ch~~ / gᵘiter
ist es richtig P genug / P nett / feucht / windig
Es ist in Ordnung / angenehm / feucht / windig.

Wenn man jemanden grüßt, den man schon etwas kennt, kann man fragen:

An bhfuil aon scéal agat?
ė' wil een schkeel agėt
FP ist eine Geschichte bei-du
Hast du irgend etwas zu erzählen?

Meist hat man nichts zu erzählen. Dann sagt man:

Tada. *oder:* **Diabhail-scéal.**

tadė
nichts
Nichts.

Diabhail-scéal.
d^{j}au^{i}l-schkeel
Teufel-Geschichte
Nichts.

Die Frage nach dem Befinden lautet in allen Dialekten anders. Hier die beiden anderen Formen:

Conas atá tú?
konės 'tå tuu
wie P-bist du
Wie geht es dir?
(in Munster)

Goidé mar atá tú?
gėdjee mar 'taa tuu
was-ist-es wie P-bist du
Wie geht es dir?
(in Ulster)

Sich verabschieden

Beachten Sie: Werden mehrere Personen angesprochen, so wird agat *durch* agaibh agiv *(bei euch), und* leat *wird durch* libh liv *(mit euch) ersetzt.*

Slán agat.
slån agėt
Gesundheit bei-du
Auf Wiedersehen.
(sagt der Gehende)

Slán leat.
slån l^{j}ät
Gesundheit mit-du
Auf Wiedersehen.
(sagt der Bleibende)

Ist einem das zu umständlich, reichen auch die folgenden Floskeln:

Slán!
slån
Gesundheit
Tschüss!

Slán anois!
slån ėnisch
Gesundheit jetzt
Tschüss!

Slán go fóill!
slån go foo^{i}l
Gesundheit P noch
Tschüss!

Man kann außerdem noch hinzufügen:

Oíche mhaith.
iiche, wa
Nacht gut
Gute Nacht.

Go n-éirí do bhóthar leat!
go nairii do woohe,r lʲät
möge steigen deine Straße mit-du
Gute Reise!

Eine bei jüngeren Leuten übliche Lehnübersetzung des englischen „Take it easy!“ ist:

Tóg go bog é.
toog go bog ee
nimm P leicht es
Nimm’s leicht!

Religiöse Abschiedswünsche sind:

Go ngnothaí Dia dhuit.
go nohii diė ~~chr~~it
möge segnen Gott zu-du
Gott segne dich.

Bail ó Dhia ort.
bail oo jiė ort
Segen von Gott auf-du
Gott segne dich.

Go dtuga Dia slán abhaile thú.
go dugė diė slån ėw<u>ail</u>ė huu
möge bringen Gott gesund nach-Hause du
Möge Gott dich sicher nach Hause leiten.

Das erste Gespräch

Cén t-ainm atá ort?
keen tanim ėtå ort
was-der Name der-ist auf-du
Wie heißt du?

Karin an t-ainm atá orm.
karin ė' tanim ėtå orėm
Karin der Name der-ist auf-ich
Ich heiße Karin.

Mit einem Smartphone können Sie sich die mit einem gekennzeichneten Sätze dieses Kapitels anhören.

Eine Dialektvariante aus Munster für die Frage und Antwort nach dem Namen ist:

Cad is ainm duit?
kad is anim d^{u}it
was ist Name zu-du
Wie heißt du?

Karin is ainm dom.
karin is anim dom
Karin ist Name zu-ich
Ich heiße Karin.

Cé as thú?
kee as huu
was aus du
Woher kommst du?

Is as an nGearmáin / an Ostair / an Eilvéis mé.
is as ė' ngärėmå^{i}n / ėn ostė^{i}r / ėn elveesch mee
bin aus das Deutschland / das Österreich / die Schweiz ich
Ich komme aus Deutschland / Österreich / der Schweiz.

Dialektvarianten für die Frage und Antwort nach der Herkunft sind:

Cérb as duit?
keerb as d^{u}it
was-ist aus zu-du
Woher kommst du?
(in Ulster)

Cad as duit?
kad as d^{u}it
was aus zu-du
Woher kommst du?
(in Munster)

Is as an Ghearmáin dom.
is as ė' järėmå^{i}n duu
bin aus das Deutschland zu-ich
Ich komme aus Deutschland.
(Beispiel für Antwort in Ulster)

Cá bhfuil tú i do chónaí?
kå wil tuu i do ~~ch~~oonii
wo bist du in dein Wohnen
Wo wohnst du / wohnen Sie?

Tá mé i mo chónaí i bhFreiburg.
tå mee i mo ~~ch~~oonii i vraiburg
bin ich in mein Wohnen in Freiburg
Ich wohne in Freiburg.

Cén fhad atá tú anseo anois?
keen ad ėtå tuu ėnscho ėnisch
was-die Länge die-bist du hier jetzt
Wie lange bist du schon da?

Tá mé anseo le seachtain.
tå mee ėnscho lė schä~~ch~~tė^{i}n
bin ich hier mit Woche
Ich bin schon seit einer Woche hier.

Cá bhfuil tú ag fanacht?
kå wil tuu'g fanė~~ch~~t
wo bist du bei Bleiben
Wo logierst du?

Tá mé ag fanacht tigh Mháirtín.
tå mee'g fanė~~ch~~t tii wå^{i}rtiin
bin ich bei Bleiben im-Haus Máirtín[2]
Ich wohne im Haus von Máirtín.

Cén aois thú?
keen iisch huu
was-das Alter du
Wie alt bist du?

Tá mé seacht mbliana is fiche d'aois.
tå mee schächt mliėnė is fichė diisch
bin ich sieben Jahre und zwanzig von Alter
Ich bin 27 Jahre alt.

An bhfuil tú pósta?	**Tá.**	**Níl.**
ė' wil tuu poostė	tå	niil
FP bist du verheiratet	*sein*	*nicht-sein*
Bist du verheiratet?	Ja.	Nein.

An bhfuil clann agat?
ė' wil klan agėt
FP ist Kinderschar bei-du
Hast du Kinder?

Ta, inion amháin.	**Nil.**
tå iniin ėw<u>å</u>^{i}n	niil
sein Tochter nur	*nicht-sein*
Ja, eine Tochter.	Nein.

Cén tslí beatha atá agat?
keen tlii bähė 'tå agėt
was-der Weg Leben² P-ist bei-du
Was ist dein Beruf?

Is ... mé. *bin ... ich*	is ... mee	Ich bin ...
fostaí (*m4*, fostaithe)	fostii	Angestellte(r)
oibrí (*m4*, oibrithe)	aibrii	Arbeiter(in)
feirmeoir (*m3*, -í)	ferėm^{j}oo^{i}r	Bauer
iascaire (*m4*, iascairí)	iėskėirė	Fischer
gnóthadóir (*m3*, -í)	gnoohėdoo^{i}r	Geschäftsmann (-frau)
fear ceirde (*m*, fir ...)	fär kerdė	Handwerker
innealtóir (*m3*, -í)	in^{j}altoo^{i}r	Ingenieur(in)
múinteoir (*m3*, -í)	muu^{i}nt^{j}oo^{i}r	Lehrer(in)
pinsinéir (*m3*, -í)	pinschinee^{i}r	Rentner(in)
mac léinn (*m*, mic ...)	mak lee^{i}n	Schüler(in), Student(in)
rúnaí (*m4*, rúnaithe)	ruunii	Sekretär(in)

An maith leat Éire?
ė' ma l^{j}ät eerė
FP gut mit-du Irland
Magst du Irland?

Vielerorts wird heutzutage die alte Dativform Éirinn *als Grundform benutzt.*

Is maith agus is breá liom an ceol.
is ma agės is brʲå lʲom ė' kʲool
ist gut und ist wundervoll mit-ich die Musik
Ja, vor allem die Musik.

An mbaineann tú taitneamh as do laethanta saoire?
ė' ma^{i}nėn tuu ta^{i}nė as do lähėntė s^{u}iirė
FP erntest du Freude aus deine Tage freie
Amüsierst und erholst du dich gut in deinen Ferien?

Bainim.
ba^{i}nim
ernte-ich
Ja.

Ní bhainim.
nii wa^{i}nim
nicht ernte-ich
Nein.

Bitten, Danken & Wünschen

Mit einem Smartphone können Sie sich die mit einem gekennzeichneten Sätze dieses Kapitels anhören.

Anbieten, Bitten & Danken

An ólfaidh tú cupán tae?
ėn oolhė tuu kupån tee
FP trinken-wirst du Tasse Tee
Trinkst du eine Tasse Tee?

Ólfaidh / ní ólfaidh, go raibh maith agat.
oolhė / nii oolhė go rė' ma hagėt
trinken-werde / nicht trinken-werde möge sein Gutes auf-du
Ja / nein, danke.

Ar mhaith leat cupán tae?
ėr wa lʲät kupån tee
FP gut mit-du Tasse Tee[2]
Möchtest du eine Tasse Tee?

Ba mhaith / níor mhaith, go raibh maith agat.
ba wa / niir wa go rė' ma hagėt
wäre gut / nicht-wäre gut möge sein Gutes bei-du
Ja / nein, danke.

Cé acu is fearr leat, tae nó caife?
kee aku is fʲår lʲät tee noo kafė
was von-sie ist besser mit-du Tee oder Kaffee
Was bevorzugst du, Kaffee oder Tee?

Is fearr liom caife.
is fʲär lʲom kafė
ist besser mit-ich Kaffee
Ich bevorzuge Kaffee.

Go raibh maith agat as an tae!
go rė' ma hagėt as ėn tee
möge sein Gutes bei-du aus der Tee
Vielen Dank für den Tee!

Tá failte romhat.
tå fåʲltė root
ist Willkommen vor-du
Bitte sehr.

Ná habair é.
nå habėʲr ee
nicht sag es
Keine Ursache.

Um jemanden um einen Gefallen zu bitten, fragt man:

An féidir leat cuidiú liom?
ė' feedir l^{i}ät k^{u}id^{j}uu l^{j}om
FP möglich mit-du Helfen mit-ich
Können Sie mir helfen?

Tabhair dhom ..., más é do thoil é.
too^{i}r ~~ehr~~om ... måsch ee do ho^{i}l ee
gib zu-ich ... wenn-ist es dein Wille es.
Gib mir ..., bitte!

Wünschen

Nollaig faoi shéan agus faoi shonas dhuit.
nolė^{i}g f^{u}ii heen agės f^{u}ii honės ~~ehr~~it
Weihnachten unter Wohlstand und unter Glück zu-du
Frohe Weihnachten!

*St. Patrick (*Naomh Pádraig*) ist der irische Nationalheilige, der der Legende zufolge die grüne Insel im 5. Jahrhundert christianisierte. Am 17. März feiert man ihm zu Ehren St. Patrick's Day. An diesem Tag sind die irischen Pubs auf der ganzen Welt überfüllt. In den Städten werden Paraden abgehalten, und man verschickt Glückwunschpostkarten an Freunde und Verwandte.*

Breithlá sona dhuit.
brelå sonė ~~ehr~~it
Geburt-Tag glücklich zu-du
Herzlichen Glückwunsch zum Geburtstag!

Athbhliain faoi mhaise dhuit.
avlie^{i}n f^{u}ii waschė ~~ehr~~it
neu-Jahr unter Schönheit zu-du
Frohes Neues Jahr!

Lá Fhéile Pádraig sona dhuit.
lå 'lė pådrig sonė ~~ehr~~it
Tag Fest Patrick[2] glücklich zu-du
Frohen St. Patrick's Day!

Go mbeirimid beo ar an am seo arís.
go merimid b^{j}oo er ėn am scho eriisch
mögen festhalten-wir lebendig auf die Zeit diese wieder
Mögen wir zu dieser Zeit nächstes Jahr noch leben. *(zum Abschied)*

Zu Gast sein

Wird man zum Tee eingeladen, so ist es üblich, Schokolade oder Plätzchen mitzubringen. Der Gastgeber sagt dann normalerweise:

Tar isteach!
tar ischtʲäch
komm herein
Komm / kommen Sie herein!

Suigh sios!
sᵘii schiis
setze von-oben-herab
Setz dich! / Setzen Sie sich!

Mit einem Smartphone können Sie sich die mit einem gekennzeichneten Sätze dieses Kapitels anhören.

Ar mhaith leat cupán eile?
ėr wa lʲät kupån elė
FP gut mit-du Tasse andere
Möchtest du noch eine Tasse?

Ba mhaith, go raibh maith agat.
ba wa go rė' ma hagėt
sein-würde möge sein Gutes bei-du
Ja, bitte.

Irlandreisende machen nicht selten die Erfahrung, mit Tee geradezu „abgefüllt" zu werden.

Níor mhaith, go raibh míle maith agat.
niir wa go rė' miilė ma hagėt
nicht-wäre gut möge sein tausend Gutes auf-du
Nein, danke.

An bhfuil tú cinnte?
ė' wil tuu kintė
FP bist du sicher
Wirklich?

Tá.
tå
sein
Ja.

Familie

In Klammern stehen die Hauptwortklasse und Angaben zur Mehrzahlbildung.

tuismitheoirí	t^{u}ischmihoorii	Eltern
máthair (*w*, máithreacha)	måhė^{i}r	Mutter
athair (*m*, aithreacha)	ahė^{i}r	Vater
seanmhathair (*w*)	schänwåhė^{i}r	Großmutter
seanáthair	schänåhė^{i}r	Großvater
páiste (*m4*, páistí)	påschtė	Kind
iníon (*w2*, -acha)	iniin	Tochter
mac (*m1*, mic)	mak	Sohn
garinion (*w2*)	gariniin	Enkelin
garmhac (*m1*)	garwak	Enkel (der)
clann clainne (*Mz*)	klan kla^{i}nė	Enkel (die)
aintín (*w*, -í)	äntiin	Tante
uncail (*m4*, -í)	unkė^{i}l	Onkel

© fk

Typischer Bungalow in der Gaeltacht

Unterwegs

im Dorf und in der Stadt

baile *(m4,* -lte*)*	ba^{i}lė	Ortschaft
baile beag *(m4,* -lte ...-a*)*	ba^{i}lė b^{j}og	Dorf
baile mór *(m4,* -lte ...-a*)*	ba^{i}lė moor	Stadt
cathair *(w,* cathracha*)*	kahir	Großstadt
muintir na háite *(w, Mz)*	mu^{i}ntir nė hå^{i}tė	(die) Einheimischen
lucht cathrach *(m)*	lu~~ch~~t karė~~ch~~	Stadtbewohner
Gaeltacht *(w3)*	g^{u}eeltė~~ch~~t	irischsprachige Region
Galltacht *(w3)*	gåltė~~ch~~t	englischsprachige Region

Gabh mo leithscéal, cá bhfuil ...?
go mo leschkeel kå wil ...
nimm meine Entschuldigung wo ist ...
Entschuldigung, wo ist / sind ...?

Tá mé ag lorg ...
tå mee'g lorėg ...
bin ich bei Suchen ...
Ich suche ...

Céard é an tslí is fearr go ...?
keerd ee 'n tlii is f^{j}år go ...
was er der Weg meist besser zu ...
Welches ist der beste Weg nach ...?

séipéal *(m1,* séipéil*)*	scheepeel	Kirche
banc *(m1,* bainc*)*	bank	Bank
aonach *(m,* aontaí*)*	iinė~~ch~~	Markt

Bekanntlich wird Irisch ja nur noch in wenigen Dörfern in abseits gelegenen Regionen, nämlich in den Gaeltacht-*Gebieten, als traditionell vermittelte Sprache gesprochen. Englisch versteht mittlerweile jeder, aber gerade ältere Leute freuen sich oft, in ihrer Sprache angesprochen zu werden.*

In der Stadt wird eigentlich kein Irisch gesprochen – wären da nicht einige Sprachaktivisten, die man allerdings kaum zufällig auf der Straße trifft. Conradh na Gaeilge konrė nė gueelgė, *eine Organisation, die sich die Pflege der alten Sprache zur Aufgabe gemacht hat, unterhält in den meisten größeren Städten Irlands Clubs.*

Hier noch einiges stadtspezifisches Vokabular für Gespräche mit urbanen Gaeilgeoirí gueelgorii (Irischsprechern):

linn snámha *(w,* -te ...*)*	lin snåwė	Schwimmbad
pictiúrlann *(w2,* -lainne*)*	piktjuurlėn	Kino
ollmhargadh *(m,* -gaidh*)*	olwargė	Supermarkt
amharclann *(w2,* -lainne*)*	aurklėn	Theater
ollscoil *(w2,* -eanna*)*	olskoil	Universität
halla baile *(m,* -í ...*)*	halė baile	Stadthalle
iarsmalann *(w2,* -lainne*)*	iėrsmėlėn	Museum

An bhfuil sé i bhfad uainn?
ė' wil schee i wad wen
FP ist es in Weite von-wir
Ist es weit weg von uns?

Níl sé ach cúig nóiméad.
niil schee a~~ch~~ kuuig noomeed
nicht-ist es außer fünf Minute
Nur fünf Minuten.

An féidir siúl?
ė' feedir schuul
FP möglich Laufen
Kann man zu Fuß gehen?

Is féidir.
is feedir
ist möglich
Ja.

Ní féidir.
nii feedir
nicht-ist möglich
Nein.

Lean ...!	län ...	Geh ... weiter!
Cas ...!	kas ...	Bieg ... ab!
ar dheis	er jesch	(nach) rechts
ar chlé	er chlee	(nach) links
ar aghaidh	er aj	geradeaus
os comhair	os koo'r	gegenüber
anseo – ansin	ėnscho – ėnschin	hier – dort
in aice leis	In äkė lesch	in der Nähe von
taobh leis	tᵘiiw lesch	neben
chomh fada leis an	choo fadė lesch ėn	bis zum / zur
thall ansin	hal ėnschin	dort drüben
ar ais	er äsch	zurück
ar dtús ..., ansin ...	er duus ... ėnschin ...	zuerst ..., dann

Cén t-ainm atá ar an áit seo?
keen tanim ėtå er ėn å't scho
was-der Name P-ist auf der Ort dieser
Wie heißt dieser Ort?

An é seo ...?
ėn ee scho ...
FP es dies ...
Ist dies ...?

An féidir dul ag breathnú ar ...?
ė' feedir dul eg bränuu er ...
FP möglich Besuch zu Geben auf ...
Kann man ... besichtigen?

An féidir leat é a thaispeáint dhom ar an léarscáil.
ė' feedir l^{i}ät ee' haschpå^{i}nt ~~ehr~~om er ė' leerskå^{i}l
FP möglich mit-du es zu Zeigen zu-ich auf die Landkarte
Kannst du / können Sie mir das auf der Landkarte zeigen?

An bhfuil ... ar oscailt / dúnta?
ė' wil ... er oska^{i}lt / duuntė
FP ist ... auf offen / geschlossen
Ist ... geöffnet / geschlossen?

Cén t-am a mbíonn sé ar oscailt?
keen tam ė miiėn schee er oska^{i}lt
was-die Zeit P häufig-ist es auf offen
Wann ist es (regelmäßig) geöffnet?

auf dem Land

Während Irlands Küsten meist gebirgig sind, ist das Landesinnere flach. Im Laufe der Geschichte wurden die Wälder der Insel abgeholzt, weshalb nur noch 3 % der Fläche Irlands mit Bäumen bedeckt ist.

*Von der früheren dichten Bewaldung zeugen noch einige Ortsnamen (*Doire *= Eichenwald, engl. „Derry“).*

Mehrere Inseln vor der Küste Irlands sind bewohnt. Das Leben läuft dort noch langsamer ab, als es auf dem Festland der Fall ist. Polizei gibt es auf den meisten Inseln nicht, weshalb sich die Pubs oft nicht an gesetzliche Öffnungszeiten halten.

faoin tír	f^{u}iin tiir	auf dem Land
radharc tíre (*m*)	rairk tiirė	Landschaft
oileán (*m1*, oileáin)	ilån	Insel
sliabh (*m*, sléibhte)	schliu	Berg
cnoc (*m1*, cnoic)	krok	Hügel
barr (*m1*, -a)	bår	Gipfel
gleann (*m3*, -tan)	glän	Tal
bóthar (*m1*, bóithre)	boohėr	Straße, Weg
farraige (*f4*, farraigí)	farė^{i}gė	Meer
loch (*m3*, -anna)	lo~~ch~~	See
abhainn (*w*, aibhneacha)	au^{i}n	Fluss
trá (*f4*, -nna)	trå	Strand
cladach (*m*, cladaí)	kladė~~ch~~	Ufer
cuan (*m1*, -ta)	kuėn	Bucht, Hafen
iascaire (*m4*, -rí)	iėskė^{i}rė	Fischer
bád (*m1*, báid)	båd	Boot, Kutter
feirm (*w2*, -eacha)	ferėm	Bauernhof
feirmeoir (*m3*, -í)	ferėm^{j}oo^{i}r	Bauer
gort (*m1*, goirt)	gort	Feld
móin (*w3*)	moo^{i}n, muu^{i}n	Torf
claí (*m4*, -ocha)	klai	Mauer, Zaun

Tiere

asal (*m1*, asail)	asėl	Esel
coileach (*m*, -ligh)	ko^{i}lė~~ch~~, k^{u}ilė~~ch~~	Hahn
cearc (*w3*, -a)	kärk	Huhn
madra (*m4*, -aí)	madrė	Hund
cat (*m1*, cait)	kat, kut	Katze
bó (*w*, ba)	boo	Kuh
capall (*m1*, capaill)	kapėl	Pferd
caora (*w4*, caoirigh)	k^{u}iirė	Schaf
muc (*w2*, -a)	muk	Schwein

mit dem Bus

Das wichtigste öffentliche Verkehrsmittel Irlands sind die Busse, die im Vergleich zur Bahn in alle Ecken des Landes fahren und billiger sind. Die große Busgesellschaft der Republik heißt Bus Éireann bus eerėn, im Norden ist es Ulster Bus. Daneben existieren preiswertere Privatlinien. Da die Gaeltacht-Gebiete sehr klein sind, und Busse größere Bereiche abdecken, laufen Unterhaltungen mit den Busfahrern meistens auf Englisch ab.

Bus	**bus** *(m,* -anna*)*	bus
Fahrschein	**ticéad** *(m1,* ticéid*)*	tikeed
Einzelfahrschein	**ticéad singil**	tikeed schingil
Rückfahrschein	**ticéad fillte**	tikeed filtė
Fahrplan	**tráthchlár** *(m1,* tráthchláir*)*	tråchlår

Cá bhfuil stad an bhus?
kå wil stad ė' wus
wo ist Stop der Bus?
Wo ist die Bushaltestelle?

An é seo bus na Gaillimhe?
ėn ee scho bus nė galivė
FP es dies Bus das Galway?
Ist das der Bus nach Galway?

Cén t-am a sroicheann sé Gaillimh?
keen tam ė sr^{u}ichėn schee galiv
was-die Zeit P erreichen es Galway
Um wie viel Uhr erreicht er Galway?

Cén t-am a mbeidh bus na Gaillimhe ag imeacht?
keen tam a mej bus nė galivė eg imä~~ch~~t
was-die Zeit die sein-wird Bus das Galway[2] bei Weggehen
Wann wird der Bus nach Galway abfahren?

Cá mbíonn bus na Gaillimhe ag imeacht?
kå miiėn bus nė galivė eg imä~~ch~~t
wo stets-ist Bus das Galway[2] bei Weggehen
Wo fährt der Bus nach ... (gewöhnlich) ab?

mit dem Fahrrad

Radeln ist unter jungen Irlandreisenden sehr beliebt. Es gibt die Möglichkeit, das eigene Fahrrad mitzubringen, eines in Irland zu kaufen und dann zu verkaufen, oder auch ein Fahrrad zu mieten. Zu beachten ist, dass die Straßen in ländlichen Gebieten oft schmal sind. Vor allem an der Küste ist es gebirgig und es regnet häufig. Wen das nicht abschreckt, der wird einen tollen Fahrradurlaub erleben und massenweise Gleichgesinnte treffen.

rothar *(m1,* rothair*)*	rohėr	Fahrrad

Tá mé ag rothaíocht timpeall na hÉireann.
tå mee'g rohiié~~ch~~t timpėl nė heerėn
bin ich bei Radfahren herum das Irland[2]
Ich radele um Irland herum.

Tá mo rothar briste.
tå mo rohėr brischtė
ist mein Fahrrad kaputt
Mein Fahrrad ist kaputt.

Die Anreise mit dem eigenen Auto ist wegen der Fähren sehr teuer. Billiger ist die Überfahrt mit dem Motorrad.

mit dem Auto / Motorrad

Die folgenden Wörter kann man an Tankstellen in der Gaeltacht anwenden. Aber auch hier kann es sein, dass jemand von außerhalb die Tankstelle betreibt und kein Irisch spricht.

Auto	**carr** *(m1,* -anna*)*	kår
Motorrad	**gluaisrothar** *(m1,* gluaisrothair*)*	gluschrohėr
Tankstelle	**stáisiún peitril** *(m,* -siúin ...*)*	ståschuun petril
Benzin	**peitreal** *(m)*	petrėl
Werkstatt	**garáiste** *(m4,* garáistí*)*	garåschtė

Ba mhaith liom peitreal.
ba wa lʲom petrėl
wäre gut mit-ich Benzin
Ich möchte Benzin.

... dhá lítear de pheitreal.
... ~~ehr~~å liiter dė fetrėl
... zwei Liter von Benzin
... zwei Liter Benzin.

... luach ceithre euro de pheitreal.
... luė~~eh~~ kerė juro dė fetrėl
... Wert vier Euro von Benzin
... Benzin für 4,- €.

Líon go bruach le peitreal é, más é do thoil é.
liiėn go bruė~~ch~~ lė petrėl ee måsch ee do hoil ee
fülle zu Rand mit Benzin es wenn-ist es dein Wille es
Volltanken, bitte.

In der Republik Irland sind Hinweisschilder generell zweisprachig – mit Ausnahme der Gaeltacht, wo sie nur irischsprachig sind.

Géill slí	geeil schlii	Vorfahrt beachten!
Cosc ar pháirceáil	kosk er fåirkåil	Parken verboten!
Carrchlós	kår~~ch~~loos	Parkplatz
Aire	airė	Vorsicht!
Fir ag obair	fir eg obėir	Baustelle
Tiomáin go mall	tjomåin go mål	Langsam fahren!

Páistí ag gabháil trasna!
påschtii eg gåil trasnė
Kinder bei Gehen herüber
Achtung Kinder!

Im Raum Dublin sieht man auf Schildern statt carr *auch das Wort* gluaisteán *(m1,* gluaisteáin*)* gluschtån *(Auto, abgeleitet von* gluais *„bewegen“).*

Trampen

Wie überall in Europa ist das Trampen seit Mitte der 1990er Jahre in Irland selten geworden. Abgesehen vom preiswerten Reisen hat es jedoch einige Vorteile: Das Trampen in der Gaeltacht bietet die Gelegenheit zu einem Plausch mit Einheimischen. Am besten beginnt man eine Konversation mit einem irischen Gruß, um zu zeigen, dass man etwas Irisch spricht, und um sich zu versichern, dass der Angesprochene der Sprache mächtig ist.

Man sage also z. B. Dia dhuit! *oder* Cén chaoi a bhfuil tú?

síob *(w2, -a)* schiiėb	Mitfahrgelegenheit
síobshiúlóir *(m3, -í)* schiiėb-h^{j}uuloo^{i}r	Tramper

Hier ein Satz laut Wörterbuch, und danach, wie man ihn in der Gaeltacht wirklich sagt:

Tá mé ag síobshiúl	**Tá mé ag hitch-hike'áil.**
tå mee'g schiiėb-h^{j}uul	tå mee'g hitsch-heikå^{i}l
bin ich bei Trampen	*bin ich bei Trampen*
Ich trampe.	Ich trampe.

Die Partikel dtí *steht immer dann, wenn nach* go *„zu, bis" ein Artikel folgt.*

Síobshiúlaim go dtí an Spidéal.
schiiėb-h^{j}uulim go dii 'n spideel
trampen-ich zu P Spiddle
Ich trampe nach Spiddle.

Fuair mé síob.
fuė^{i}r mee schiiėb
bekam ich Mitfahrgelegenheit
Ich wurde mitgenommen.

An féidir leat síob a thabhairt dhom go dtí an Spidéal?
ė' feedir l^{j}ät schiiėb a hoo^{i}rt ~~ch~~rom go dii ė' spideel
FP möglich mit-du Mitfahrgelegenheit P Geben zu-ich zu P das Spiddle
Können Sie mich nach Spiddle mitnehmen?

Ba mhaith liom dul go dtí an Clochán.
ba wa l^{j}om dul go dii 'n klo~~ch~~ån
wäre gut mit-ich Gehen zu P das Clifden
Ich möchte gerne nach Clifden.

Übernachten

Übernachtungsmöglichkeiten sind in Irland dicht gesät: Privatunterkünfte mit Frühstück (B&B = „Bed and Breakfast"), offizielle Jugendherbergen (An Óige) und private (independent hostels) sowie einige Campingplätze bieten billige Schlafmöglichkeiten mit mehr oder weniger Komfort. Oftmals kann man auf dem Gelände von Jugendherbergen zelten und verbilligt Küche und Waschraum mitbenutzen. Wildes Campen ist möglich, man sollte aber eventuelle Besitzer fragen.

Ist man nun in einem Gaeltacht-Gebiet und möchte Irisch sprechen, so ist „Bed and Breakfast" zu empfehlen. Hier ist das große, traditionelle Frühstück stets in der Übernachtung inbegriffen. Darüber hinaus bieten B&B's auch weitere Mahlzeiten an. In einem Ort in der Gaeltacht könnte man zum Beispiel in einem Laden nach einem B&B fragen.

Übernachtungsmöglichkeiten in der Gaeltacht *können auch von Zugezogenen betrieben werden, die kein Irisch sprechen. Verzweifeln Sie also nicht, wenn sie auf eine irische Frage die Antwort „Sorry, I don't speak German" erhalten.*

nach einer Unterkunft suchen

láthair champála *(w)*	låhėir ~~ch~~ampålė	Campingplatz
brú *(w4,* -nna*)*	bruu	Herberge
An Óige	ėn ooigė	Jugendherbergsverband
lóistín *(m4,* -í*)*	looschtiin	Unterkunft *(auch* B&B*)*
óstán *(m1,* óstáin*)*	oostån	Hotel

Cá bhfuil B and B ar fáil go háitiúl?
kå wil bi ėnd bi er fåil go håtiuul
wo ist B und B auf Bekommen P örtlich
Wo gibt es hier am Ort eine Frühstückspension?

An féidir campáil anseo / ansin?
ė' feedir kampåil ėnscho / ėnschin
FP möglich Campen hier / dort
Ist es möglich, hier zu campen?

An labhairíonn siad Gaeilge ann?
ė' lauriiėn schiėd gueelge ån
FP sprechen sie Irisch dort
Sprechen sie dort Irisch?

An bhfuil brú óige san áit seo?
ė' wil bruu ooigė san åit scho
FP ist Herberge Jugend[2] in-der Ort dieser
Gibt es hier im Dorf eine Jugendherberge?

Jugendherbergen bieten selten etwas zu Essen an. Dafür sind sie stets mit einer Gemeinschaftsküche ausgerüstet, so dass man sich preiswert selbst versorgen kann und beim Kochen oft noch andere Reisende kennenlernt.

Ankunft

Ba mhaith liom fanacht anseo.
ba wa liom fanė~~ch~~t ėnscho
wäre gut mit-ich Bleiben hier
Ich möchte hierbleiben.

... ar feadh oíche / dhá oíche.
... er fä iichė / ~~ch~~rå iichė
... auf Dauer Nacht / zwei Nacht
... für eine Nacht / zwei Nächte.

An bhfuil seomra dhom agat?
ė' wil schoomrė ~~ch~~rom agėt
FP ist Zimmer zu-ich bei-du
Haben Sie ein Zimmer für mich?

Cé mhead a chosnaíonn sé?
kee ved ė ~~ch~~osnién schee
welche Menge P kostet es
Wie viel kostet es?

seomra *(m4,* -aí*)*	schoomrė, schuumrė	Zimmer
seomra folctha	schoomrė folkė	Badezimmer
seomra suí	schoomrė s^{u}ii	Wohnzimmer
seomra bia	schoomrė biė	Esszimmer
seomra singil	schoomrė schingil	Einzelzimmer
seomra dúbailte	schoomrė duuba^{i}ltė	Doppelzimmer
cistin *(w2,* -eacha*)*	kischtin	Küche
puball *(m1,* pubaill*)*	pubėl	Zelt
cith *(m,* ceathanna*)*	ki	Dusche
leaba *(w,* leapacha*)*	l^{i}äbė	Bett
leaba shingil	l^{i}äbė hingil	Einzelbett
leaba dhúbailte	l^{i}äbė ~~ch~~ruuba^{i}ltė	Doppelbett
bean an tí	bän ė' tii	Frau des Hauses
fear an tí	fär ė' tii	Mann des Hauses

Essen & Trinken

Mit einem Smartphone können Sie sich die mit einem 👂 gekennzeichneten Sätze dieses Kapitels anhören.

Die Küche der Iren ist traditionell sehr einfach. Allerdings wächst nicht zuletzt durch den zunehmenden Tourismus und den wachsenden Wohlstand die Zahl der Restaurants. Eher eine Art Selbstbedienungsrestaurant ist das, was als **coffee shop**, **café** oder **caife** bezeichnet wird. Warmgehaltene Gerichte hinter Glas sind dort oft ebenso zu haben wie verschiedene Gebäckarten, Sandwiches, Tee und Kaffee. Daneben bieten einige Pubs mittags ein bis zwei warme Gerichte an, die meist recht preiswert sind. Gekennzeichnet sind solche Gaststätten meist mit dem Schild **Pub Grub**. Vor allem in den Städten sind die **take aways** oder **chippers**, die **fish-and-chips**-Buden, an jeder Straßenecke zu finden. Etwas seltsam mutet uns Kontinentaleuropäer die Sitte an, Essig auf Pommes frites zu träufeln.

In den Dörfern gibt es kleine Läden und manchmal Supermärkte. Geöffnet haben Lebensmittelgeschäfte sieben Tage in der Woche, meist bis in die Nacht hinein.

bialann *(w2,* -ainne*)*	biėlėn	Restaurant
caife *(m4,* -í*)*	kafė	Café, Imbiss
biachlár *(m1,* biachláir*)*	bịė~~ch~~lå̱r	Speisekarte
bia *(m4)*	biė	Essen
deoch *(w,* -anna*)*	dʲo~~ch~~	Getränk

Frühstück

Das Frühstück (bricfeasta *(m4)* brikfästė) besteht aus Cornflakes, Porridge oder Müsli. Danach folgt gebratener Schinkenspeck mit Spiegeleiern und den kleinen irischen Würstchen. Dazu gibt es Toast, Butter, Marmelade, Tee und Orangensaft. Natürlich isst kaum eine irische Familie ein solches Frühstück täglich. Das alltägliche Frühstück ist „continental"; es besteht aus Müsli oder ähnlichem, Toast und natürlich Tee.

calóga arbhair *(m1)*	kaloogė aru'r	Getreideflocken
leite *(f4)*	letė	Porridge
bagún *(m1)*	baguun	Schinkenspeck
ubh *(w2,* uibheacha*)*	uw (ivė~~ch~~ii)	Ei (Eier)
ubh fhriochta	uw riė~~ch~~tė	Spiegelei
ubh scrofa	uw skrofė	Rührei
ubh bhogbhruite	uw wogwru'tė	weichgekochtes Ei
ubh chruabhruite	uw ~~ch~~ruėwru'tė	hartgekochtes Ei
ispín *(m4, -í)*	ischpiin	Würstchen
putóg dhubh *(w2,* -a dubha*)*	putoog ~~ch~~ruw	Blutwurst (black pudding)
putóg gheal *(w2,* -a geala*)*	putoog jäl	Presssack (white pudding)
arán *(m1,* aráin*)*	arån, 'rån	Brot
tósta *(m4)*	toostė	Toast
im *(m)*	iim	Butter
marmaláid *(w2)*	marmėlå'd	(Zitrus-)Marmelade
subh *(w2)*	suw	Konfitüre

„Presssack" oder „Presskopf" ist eine aus Schweins- oder Kalbsköpfen mit Schwarten gekochte und in einen Darm oder Schweinemagen abgefüllte Wurstart.

Lunch

Der Lunch (lón *(m1)* loon) hat in Irland die Bedeutung eines Imbisses, der meistens gegen Mittag eingenommen wird. Oft besteht er aus Sandwiches. In Irland wird meistens ungetoastetes Toast-Brot gegessen. Das Toast-Brot heißt in Irland übrigens erst dann „Toast", wenn es geröstet aus einem Toaster herausspringt. Das andere in Irland erhältliche Brot ist „Brown Bread" oder arán donn arån doon, ein leckeres, oft selbst gebackenes Brot.

Neben Käse, Schinken oder Tunfisch kommen allerlei Zutaten auf die Sandwiches, wie Salat, Ei, Mayonnaise, Senf usw.

ceapaire *(m4,* ceapairí*)*	kʲäpėⁱrė	Sandwich
cáis *(w2)*	kåsch	Käse
liamhás *(m1)*	liėwås	Schinken
sailéad *(m1)*	saⁱleed	Salat
leitís *(w2)*	letiisch	Kopfsalat

Dinner

Zum Essen wird stets Wasser und Brot gereicht. Nach dem Essen wird Tee (und manchmal Kaffee) getrunken.

Das Dinner (dinnéir *(m1)* dineer) ist in Irland die Bezeichnung für die große, warme Mahlzeit. Oft gibt es das Dinner während der Woche abends, und am Wochenende oder zumindest am Sonntag anstelle eines Lunch zu Mittag. Es besteht aus mehreren Gängen, beginnend mit einer Suppe, gefolgt vom Hauptgericht, welches meistens aus Fleisch, Kartoffeln und Gemüse besteht, und endet mit einer süßen Nachspeise.

anraith *(m4,* -í*)*	anrė	Suppe
stobhach *(m,* stobhaigh*)*	stowėch	Eintopf
práta *(m4,* -aí*)*	pråtė	Kartoffel
feoil *(w3)*	fioo'l	Fleisch
glasraí *(m)*	glasrii	Gemüse
anlann *(m1,* anlainn*)*	anlėn	Sauce
milseog *(w2,* -a*)*	milschoog	Nachspeise
pióg úll *(w2,* -a úll*)*	piioog uul	Apple Pie
uachtar reoite *(m)*	uėchtėr roo'tė	Speiseeis

Dialektvariante: In Connemara heißt die Kartoffel fata fatė *(m4,* fataí *w).*

Teezeit

Die Teezeit (am tae *(m)* am tee) ist eine eigene Mahlzeit, die irgendwann am späteren Nachmittag abgehalten wird. Im Gegensatz zu unserem „Kaffee und Kuchen" wird zur Teezeit vor allem herzhaftes (neben Sandwiches auch „Baked Beans"oder Spiegelei) gegessen. Oft gibt es aber auch Plätzchen oder Scones (ein brötchenartiges Buttergebäck).

bonnóg, sconnóg *(w2,* -a*)*	bonoog, skonoog	Scone
briosca *(m4,* -aí*)*	briskė (briskii)	Plätzchen

Supper

Supper (suipéar *(m1)* su'peer), ein leichtes Abendessen, kann aus Plätzchen und Tee, Spiegelei, Sandwiches usw bestehen. Auch ein abends oder nachts eingenommener Lunch wird oft als Supper bezeichnet.

etwas zu essen bestellen

Die folgenden Sätze lassen sich überall dort anwenden, wo man isst, Essen bestellt – und Irisch spricht!

An bhfuil bia ar fáil anseo?
ė' wil biė er fåil ėnscho
FP ist Essen auf Bekommen hier
Gibt es hier etwas zu essen?

Céard atá le hithe agaibh?
keerd ėtå lė hihė agiv
was das-ist mit Essen bei-ihr
Was gibt es bei euch zu essen?

Tabhair dhom an biachlár, más é do thoil é.
tooir ~~ch~~rom ė' bjė~~ch~~lår måsch ee do hoil ee
gib zu-ich die Speisekarte wenn-ist es dein Wille es
Gib / geben Sie mir die Speisekarte, bitte.

Ba mhaith liom bricfeasta, más é do thoil é.
ba wa ljom brikfästė måsch ee do hoil ee
wäre gut mit-ich Frühstück wenn-ist es dein Wille es
Ich hätte gerne Frühstück, bitte.

Sollte etwas fehlen, kann man wie folgt darum bitten:

Tá siúcre uaim, más é do thoil é.
tå schuukrė wem måsch ee do hoil ee
ist Zucker von-ich wenn-ist es dein Wille es
Ich brauche Zucker, bitte.

Oft wird man gefragt, ob man nach dem Essen Tee oder Kaffee möchte:

Cé acu is fearr leat, tae nó caife?
kee aku is fʲår lʲät tee noo kafė
was von-sie ist besser mit-du Tee oder Kaffee
Was magst du lieber, Tee oder Kaffee?

Is fearr liom caife.
is fʲår lʲom kafė
ist besser mit-ich Kaffee
Ich mag lieber Kaffee.

Cén saghas ceapairí atá agaibh?
keen saᶦs kʲapeᶦrii etå agᶦv
was-die Sorte Sandwiches die-ist bei-ihr
Welche Arten von Sandwiches habt ihr / haben Sie?

Sitzt man mit mehreren Personen an einem Tisch, möchte man vielleicht jemanden bitten, einem etwas zu reichen:

Tabhair dhom an t-im, más é do thoil é.
tooᶦr ~~ehr~~om ė' tiim måsch ee do hoᶦl ee
gib zu-ich die Butter wenn-ist es dein Wille es
Reich mir bitte die Butter.

Seo dhuit.
scho ~~ehr~~it
hier zu-du
Bitte sehr!

salann *(m1)*	salėn	Salz
piobar *(m1)*	pibėr	Pfeffer
fínéagar *(m1)*	fiineegėr	Essig
siúcra *(m4)*	schuukrė	Zucker

gréithe agus sceanra	greehė agės schkänrė	Geschirr und Besteck
scian *(w3,* sceana*)*	schkiėn	Messer
forc *(m1,* foirc*)*	fork	Gabel
spúnóg *(w2,* -a*)*	spuunoog	Löffel
spúnóg bheag *(w2,* -a beaga*)*	spuunoog v^{i}og	Teelöffel
spúnóg mhór *(w2,* -a móra*)*	spuunoog woor	Esslöffel
pláta *(m4,* -aí*)*	plåtė	Teller
gloine *(w4,* gloiní*)*	gl^{u}inė	Glas
cupán *(m1,* cupáin*)*	kupån	Tasse
pota *(m4,* -aí*)*	potė	Kanne

Bezahlung

Übrigens ist es in Irland nur in Restaurants üblich, ein Trinkgeld zu geben!

Ba mhaith liom íoc, más é do thoil é.
ba wa l^{i}om iiėk måsch ee do ho^{i}l ee
wäre gut mit-ich Zahlen wenn-ist es dein Wille es
Ich möchte gerne zahlen, bitte.

Sin cúig euro tríocha.
schin kuu^{i}g juro triichė
dies fünf Euro dreißig
Das macht 5,30 €.

Getränke

Irland mag zwar nicht gerade berühmt für sein Essen sein. Doch beim Trinken sieht es da ganz anders aus, nicht zuletzt seit irische Pubs in ganz Europa ihren Siegeszug angetreten haben und irische Biere in immer mehr Kneipen zu bekommen sind.

nichtalkoholische Getränke

uisce *(m4)*	ischkė	Wasser
tae *(m4)*	tee	Tee
caife *(m4)*	kafė	Kaffee
bainne *(w4)*	banʲė	Milch
sú *(m4,* -nna*)*	suu	Saft
sú oráiste *(m4)*	suu oråschtė	Orangensaft
liomanáid *(w2)*	liimenåʲd	Limonade
cóc *(m1)*	kook	Cola

Wasser wird eigentlich zu allen Mahlzeiten gereicht und kostet nichts. Man kann es auch im Pub kostenlos bekommen. Im Restaurant wird es manchmal automatisch zum Essen serviert.

Bier

beoir *(w,* beoracha*)*	bʲooʲr	Bier
leann *(m3,* -ta*)*	län	Ale
lágar *(m1,* lágair*)*	lågėr	helles Bier
pórtar *(m1,* pórtair*)*	poortėr	sehr dunkles Bier

Guinness ist ein „Stout“ und wird in Connemara meist als pórtar (engl. „porter“) bezeichnet. Vor allem im Süden gibt es zudem noch die Stouts Murphy’s und Beamish. Harp ist ein lágar (engl. „lager“). Smithwicks (ein „Ale“, ausgesprochen Smithicks) kennt man außerhalb Irlands als „Kilkenny“.

Die Maßeinheiten für Bier sind:

Statt leathphíonta *kann man auch* gloine *sagen.*

pionta *(m4, -aí)*	pintė	Pint (0,57 l)
leathphionta *(m4, -aí)*	läfintė	halbe Pint
gloine *(w4, -í)*	gl^{u}inė	Glas

Whiskey Das englische Wort „Whisky“ oder „Whiskey“ (in Irland) hat seinen Ursprung in dem alten gälischen Begriff uisce beatha *(m)* ischkė bähė „Wasser des Lebens“, der noch heute gebräuchlich ist. Daneben existiert das Wort fuisce *(m4)* f^{u}ischkė. Irischer Whiskey ist herber als das schottische Whisky. Bei Erkältungen schwört man auf „hot whiskey“ bzw. fuisce te f^{u}ischkė tė, ein heißer Whiskey-Grog, der auch heißes Wasser, Nelken und Zucker beinhaltet.

Poitín Poitín *(m4)* potiin (engl. „poteen“) ist ein illegal gebrannter, hochprozentiger Schnaps, der unter der Hand ausgeschenkt oder verkauft wird.

andere alkoholische Getränke

fíon *(m3, -ta)*	fiiėn	Wein
fíon geal / **dearg**	fiiėn gäl / däreg	Weiß- / Rotwein
leann úll *(m, -ta ...)*	län uul	Cider *(Apfelwein)*

im Pub

Es gibt mehrere Wörter für „Kneipe“. Hier eine Auswahl:

teach tábhaire	tʲä~~ch~~ tåwėⁱrnė	*Haus Kneipe*[2]
teach óil	tʲä~~ch~~ ooⁱl	*Haus Trinken*[2]
teach leanna	tʲä~~ch~~ länė	*Haus Bier*[2]
teach ósta	tʲä~~ch~~ oostė	*Haus Unterkunft*[2]
pub	pub	*Pub*

Pub = „public house“

Irische Pubs sind seit 2004 rauchfrei. Getränke werden bis 23:30 Uhr ausgeschenkt, dann hat man noch eine halbe Stunde um auszutrinken. Freitags und Samstags werden die letzten Bestellungen um 00:30 Uhr angenommen. An die Zeiten hält man sich meist. Manchmal werden allerdings einfach die Türen verschlossen, und die Gäste bleiben drin. Eine Pint Porter bestellt man wie folgt:

Auf Inseln, wo es meist keine Polizei gibt, werden die gesetzlichen Zeiten oft ignoriert. Tischbedienung ist unbekannt. Man holt sich seine Getränke an der Theke. Dafür ist allerdings auch kein Trinkgeld üblich.

Pionta pórtair, más é do thoil é.
pintė poortėⁱr måsch ee do hoⁱl ee
Pint Porter[2] *wenn-ist es dein Wille es*
Eine Pint Porter, bitte.

Pionta eile.
pintė elė
Pint anderes
Noch eine. *(noch ein Bier)*

Vielleicht möchte man jemanden einladen. In diesem Fall fragt man:

An ólfaidh tú pionta?
ėn oolhė tuu pintė
FP trinken-wirst du Pint
Trinkst du ein Pint mit?

Céard a ólfaidh tú?
keerd 'oolhė tuu
was das trinken-wirst du
Was trinkst du?

Ólfaidh.
oolhė
trinken-werden
Ja.

Ní ólfaidh, go raibh maith agat.
nii oolhė go rė' ma hagėt
nicht trinken-werden möge sein Gutes bei-du
Nein, danke.

Ólfaidh mé pionta Guinness.
oolhė mee pintė ginės
trinken-werde ich Pint Guinness
Ich trinke eine Pint Guinness.

Sláinte!
slå^{i}ntė
Gesundheit
Prost!

Sláinte agus saol!
slå^{i}ntė agės s^{u}iil
Gesundheit und Leben
Gesundheit und ein langes Leben!

Sláinte mhaith agus bás in Éirinn!
slå^{i}ntė wa agės bås in eerin
Gesundheit gut und Tod in Irland
Mögest du gesund sein und in Irland sterben!

Dieser Trinkspruch ist vor dem Hintergrund der massenhaften Emigration aus Irland zu sehen.

Tá an fear seo ar meisce.
tå 'n fär scho er meschkė
ist der Mann dieser auf Betrunkenheit
Dieser Mann ist betrunken.

Einkaufen

Dieses Kapitel bietet das passende Vokabular, damit man seine Einkäufe in Gaeltacht-Regionen auf Irisch tätigen kann. Das ist übrigens eine sehr gute Gelegenheit für einen kleinen Plausch. Wie schon erwähnt, gehen bei der irischsprachigen Bevölkerung das Irische und das Englische ineinander über.

Moderne Gebrauchsgegenstände werden auf Englisch benannt, obwohl die Wörterbücher Übersetzungen für die meisten modernen Begriffe parat halten. Diese Wörter sind künstlich entstanden, werden von der Gaeltacht-*Bevölkerung oft nicht verstanden und verächtlich als „Book Irish" oder „Dublin Irish" bezeichnet.*

siopa *(w4,* -aí*)*	schopė	Laden
fear / bean siopa	fär / bän schopė	Verkäufer/-in
ar oscailt	er oskė'lt	geöffnet
dúnta	duuntė	geschlossen

Céard atá uait?
keerd ėtå wet
was P-ist von-du
Was brauchst du/ brauchen Sie?

Tá ... uaim.
tå ... wem
ist ... von-ich
Ich brauche ...

Ba mhaith liom ...
ba wa l'om ...
wäre gut zu-ich
Ich möchte ...

Tabhair dhom ...
too'r ~~eh~~rom ...
gib zu-ich ...
Gib / geben Sie mir bitte ...

Cé mhéad é seo?
kee veed ee scho
wer Menge es das
Wie viel kostet dies?

Seo dhuit!
scho ~~eh~~rit
dies zu-du
Hier, bitte sehr!

An bhfuil aon rud eile uait?
ė' wil een rud elė wet
FP ist ein Ding noch zu-du
Sonst noch etwas?

Níl, go raibh maith agat.
niil go rė' ma hagėt
nicht-ist möge sein Gutes bei-du
Nein, danke.

kleine Einkaufsliste

leabhar *(m1,* leabhair*)*	l^{j}aur	Buch
coinneal *(w,* coinnle*)*	ko^{i}nėl, k^{u}inėl	Kerze
léarscáil *(w,* -eanna*)*	leerskå^{i}l	Landkarte
cárta poist *(m,* -aí ...*)*	kårtė poscht	Postkarte
gallúnach *(m)*	galuunė~~ch~~	Seife
peann *(m,* pinn*)*	p^{j}ån	Stift
lasán *(m1,* lasáin*)*	lasån	Streichholz
páipéar leithris *(m)*	på^{i}peer lerisch	Toilettenpapier
nuachtán *(m1,* nuachtáin*)*	nuė~~ch~~tån	Zeitung
toitín *(m4,* -í*)*	totiin, tetiin	Zigarette

Lebensmittel

iasc *(m,* éisc*)*	iėsk	Fisch
oisre *(m4,* oisrí*)*	oschrė	Auster
breac *(m,* bric*)*	bräk	Forelle
cloicheán *(m1,* cloicheáin*)*	klochån	Garnele
ruacán *(m1,* ruacáin*)*	ruėkån	Herzmuschel
gliomach *(m,* gliomaigh*)*	gl^{j}omė~~ch~~	Hummer
muirín *(m4,* -í*)*	muriin	Jakobsmuschel
trosc *(m1,* troisc*)*	trosk	Kabeljau
portán *(m1,* portáin*)*	portån	Krabbe
bradán *(m1,* bradáin*)*	bradån	Lachs
diúilicín *(m4,* -í*)*	d^{j}uulikiin	Miesmuschel
colmóir *(m3,* -í*)*	kolmoo^{i}r	Seehecht
faocha *(m,* faochain*)*	f^{u}ii~~ch~~ė	Strandschnecke
iasc geal *(m,* éisc gheala*)*	iėsk gäl	Weißfisch

éanlaith *(w2)*	eenlll	Geflügel
lacha *(w,* lachain*)*	la~~ch~~ė	Ente
piasún *(m1,* piasúin*)*	piėsuun	Fasan
gé *(w4,* -anna*)*	gee	Gans
sicín *(m4,* -í*)*	schikiin	Hähnchen
turcaí *(m4,* turcaithe*)*	turkii	Truthahn

feoil *(w3)*	fjooil	Fleisch
caoireoil *(w3,* caoireola*)*	k^{u}iir^{j}oo^{i}l	Hammelfleisch
cos caoireola *(w3,* -a ...*)*	kos k^{u}iir^{j}oolė	Hammelkeule
uaineoil *(w3,* uaineola*)*	<u>u</u>ėn^{j}<u>oo</u>^{i}l	Lammfleisch
gríscín uaineola *(m4,* -í ...*)*	griischkiin ...-ė	Lammkotelett
mairteoil *(w3,* mairteola*)*	ma^{i}rt^{j}oo^{i}l	Rindfleisch
muiceoil *(w3,* muiceola*)*	muk^{j}oo^{i}l	Schweinefleisch
gambún bagúin *(m1,* gambúin ...*)*	gambuun baguu^{i}n	Vorderschinken

Gemüse	**glasraí**	glasrii
Blumenkohl	**cóilis** *(w2)*	koolisch
Erbse	**pis** *(w2,* -eanna*)*	pisch
Gurke	**cúcamar** *(m1,* cúcamair*)*	kuukamėr
Karotte	**meacán dearg** *(m1,* meacna ...-a*)*	m^{j}äkån därėg
Kohl	**cabáiste** *(m4)*	kabåschtė
Pastinake	**meacán bán** *(m1,* meacáin ...-a*)*	m^{j}äkån bån
Petersilie	**peirsil** *(w2)*	perschil
Pilz	**beacán** *(m1,* beacáin*)*	b^{j}äkån
Tomate	**tráta** *(m4,* -í*)*	tråtė
Zwiebel	**oinniún** *(m1,* oinniúin*)*	on^{j}uun

Früchte	**torthaí** *(m4, Mz)*	torhii
Apfel	**úll** *(m1,* -a*)*	uul
Birne	**piorra** *(m4,* -aí*)*	pirė
Brombeere	**sméar dhubh** *(w2,* -a dubha*)*	smeer ~~chr~~uw
Erdbeere	**sú talún** *(w4,* -tha ...*)*	suu taluun
Himbeere	**sú craobh** *(w4,* -tha ...*)*	suu kr^{u}iiw, ...kr^{u}iiu
Kirsche	**silín** *(m4,* -í*)*	schiliin

Tanz & Musik

Irland wird oft mit seiner Folk-Musik und seinen -Tänzen assoziiert, die lebendig sind wie in kaum einem anderen Land Europas. Jährlich finden in Irland Dutzende Folk-Festivals statt, die von Menschen aus aller Welt besucht werden. Abgesehen davon ist es nicht ungewöhnlich, in Pubs Live-Musik zu hören. Manchmal singen auch Pub-Besucher, und oft verstummen die Gespräche, und alle hören zu. Eine alte Volksmusikrichtung ist das sean-nós schan-noos, ein uns fremd anmutender, beinahe orientalisch klingender Gesang, fernab von den populären Trinkliedern. Diese Musik hört man häufig auf Raidió na Gaeltachta radjoo nė gueeltachtė, dem landesweit sendenden und auch im Internet verbreiteten irischsprachigen Rundfunksender.

ceol *(m1)*	kʲool	Musik
ceoltóir *(m3,* -í*)*	kʲooltooʲr	Musiker
amhrán *(m1,* amhráin*)*	orån	Lied
amhránaí *(m4,* amhránaithe*)*	orånii	Sänger
traidisiúnta	tradischuuntė	traditionell
nua-aimseartha	nuė-ämschirė	modern
seisiún *(m1,* seisúin*)*	seschuun	Session

Tá sí ag gabháil amhráin.
tå schii'g gåil oråin
ist sie bei rezitieren Lied[2]
Sie singt ein Lied.

Man kann aufgefordert werden, ein Lied zu singen:

Scaoil amhrán chugainn!
skuiil orån ~~ch~~ugėin
freilasse Lied zu-wir
Sing uns ein Lied!

Croch suas é!
kro~~ch~~ suės ee
häng herunter es
Sing uns ein Lied!
(in Connacht)

Abair amhrán dúinn!
abėir orån duuin
sage Lied zu-wir
Sing uns ein Lied!
(in Ulster)

Cas amhrán!
kas orån
wende Lied
Sing ein Lied!
(in Munster)

Nach einem Lied, aber auch schon nach einzelnen Versen, setzt eine Welle des Lobes ein. Es werden Sprüche gerufen wie:

Maith an bhean / fear / cailín / buachaill!
ma ė'wän / fär / kaliin / buė~~ch~~ėil
gut die Frau / Mann / Mädchen / Junge
Gute(r, -s) Frau / Mann / Mädchen / Junge!

Maith thú!
maj huu
gut du
Gut gemacht! *(in Ulster)*

Mo cheol thú!
mo chjool huu
meine Musik du
Gut gemacht!

Musikinstrumente

bosca ceoil *(m,* -aí ...*)*	boskė k^{j}oo^{i}l	Akkordeon
feadóg stáin *(w,* -a ...*)*	fädoog stå^{i}n	Blechflöte (tin whistle)
píb uilleann *(w,* píoba ...-acha*)*	piib ilėn	irischer Dudelsack
fliúit *(w2,* -eanna*)*	fl^{j}uu^{i}t	Flöte
fidil *(w,* fidleacha*)*	fidil	Geige
giotár *(m,* giotáir*)*	g^{j}ėtår	Gitarre
cláirseach *(w,* -a*)*	klå^{i}rschė~~ch~~	Harfe
bodhrán *(m1,* bodhráin*)*	boorån	Rahmentrommel

An seinneann tú ar an bpíb uilleann?
ė' schenėn tuu er ė' biib ilėn
FP spielst du auf die Pfeife Ellenbogen[2]
Spielst du den Dudelsack?

An feadóg stáin é sin?
ė' fädoog stå^{i}n ee schin
FP Flöte Blech[2] *es dies*
Ist dies eine Tin Whistle?

Volkstänze werden auf einem céilí getanzt. Céilís, so die Mehrzahl im englischen Sprachgebrauch, finden in ganz Irland häufig statt, z. B. in Pubs, Hotels, öffentlichen Hallen. Außerdem werden häufig so genannte Céilí-Workshops angeboten, in denen man einige Schritte und Tänze erlernen kann.

céilí *(m4,* céilithe*)*	keelii	Volkstanzvergnügen
damhsa *(m4,* -aí*)*	dausė	Tanz
rince *(m4,* rincí*)*, **páirtí** *(m4,* -tithe*)*	rinkė, pårtii	Partner

An bhfuil an damhsa seo agat?
ė' wil ė' dausė scho agėt
FP ist der Tanz dieser bei-du
Kannst du diesen Tanz?

Níl mé in ann damhsa.
niil mee in ån dausė
nicht-bin ich in darin Tanzen
Ich kann nicht tanzen.

An ndéanfaidh tú an damhsa seo liom?
ė' njeenhė tuu ėn dausė scho l^{j}om
FP machen-wirst du der Tanz dieser mit-ich
Wirst du diesen Tanz mit mir tanzen?

Taispáin dhom na stepeanna, más é do thoil é!
taschpå^{i}n ~~chr~~om nė stepėnii måsch ee do ho^{i}l ee
zeige zu-ich die Schritte wenn-ist es dein Wille es
Zeig mir bitte die Schritte!

Häufig werden auf Céilís so genannte „sets" getanzt, in denen vier Paare tanzen und sich jeweils zwei Paare gegenüber stehen.

© fk

Hier einige Kommandos mit ihrer englischen Übersetzung und kurzen Erläuterungen:

Siúil timpeall!
schuu'l timpėl
lauf herum
„Lead around!"

Timpeall an tí!
timpėl ė' tii
herum das Haus[2]
„Around the house!"

Die Paare tanzen einmal im Kreis und kehren zur Ausgangsposition zurück.

Isteach is amach!
ischt'ä~~ch~~ is ėma~~ch~~
hinein und heraus
„Advance and retire!"

Die Paare tanzen in das Kreisinnere und wieder heraus.

Luascadh!
luėskė
swingen
„Swing!" *(rasches Drehen)*

Ar ais abhaile!
er äsch ėwa'lė
auf zurück nach-Hause
„Back home!"

Die Paare kehren zur Ausgangsposition zurück.

Gach éinne!
gå~~ch~~ een'ė
jede Person
„Everybody!"

Dies ist das Signal, dass jeder gemeint ist.

Slabhra na mban!
slaurė nė man
Kette die Frauen^{2}
„Ladies' chain!"

Die Hände der Frauen treffen sich in der Mitte und laufen einmal im Kreis herum zurück zur Ausgangsposition; die Männer bleiben dabei passiv.

Die der Musik zugewandten Paare heißen baranna barėnii *(engl. „tops"), die anderen beiden Paare heißen* taobhanna t^{u}iiwėnii *(engl. „sides"). Am Ende von Musik- oder Tanzveranstaltungen jeder Art wird oft die Nationalhymne, das* Amhán na bhFiann orån nė viėn *(Lied der Soldaten) gespielt. Dazu stehen alle auf, und die, die es können, singen mit. Am Ende des Liedes wird geklatscht und gejubelt.*

Siúil tríd!
schuu^{i}l triid
laufe durch-es
„Walk through!"

Die Frau geht unter den hochgehaltenen Armen des gegenüberstehenden Paares hindurch, der Mann geht daneben vorbei.

I dtreo an chloig!
i droo 'n ~~ch~~lo^{i}g
in Weg die Uhr^{2}
„Clockwise!"

Im Uhrzeigersinn tanzen.

In aghaidh an chloig!
in aj 'n ~~ch~~lo^{i}g
in Vorderseite die Uhr^{2}
„Anticlockwise!"

Entgegen dem Uhrzeigersinn.

Politik

In der irischen Politik gibt es viele politische Begriffe in der offiziellen Landessprache, die auch im Englischen benutzt werden. Hier sind einige Begriffe, auf die man in den Medien stoßen wird:

Taoiseach *(m)*	t^{u}iischė~~ch~~	Premierminister
Tánaiste *(m)*	tånėschtė	Vizepremierminister
Teachta Dála *(m)*	t^{j}ä~~ch~~tė dålė	Abgeordneter

Teachta Dála (Vertreter des Parlaments) werden T.D. abgekürzt. Die englische Abkürzung „MP“ (Member of Parliament) ist ungebräuchlich. Das irische Parlament, an tOireachtas ė' to^{i}rė~~ch~~tės (die Versammlung), gliedert sich in zwei Kammern:

Dáil Éireann *(w)*	**Seanad Éireann** *(m)*
då^{i}l eerėn	schänėd eerėn
Unterhaus Irlands	Oberhaus Irlands

Weitere Regierungsstellen sind:

Bord na Gaeilge bord nė g^{u}eelgė	Aufsichtsrat für irische Sprache
Bord Fáilte bord få^{i}ltė	Aufsichtsrat für Fremdenverkehr

Der Repräsentant des Staates ist der Präsident, Uachtarán, dessen Titel aber auch auf Englisch („President“) gebräuchlich ist.

Die beiden großen Parteien Irlands stammen von Sinn Féin schin feein (wörtl. „wir selbst“) ab. Dieser Name wird heutzutage von jener Partei benutzt, die als politischer Flügel der IRA angesehen wird.

Die ursprüngliche Sinn Féin spaltete sich nach dem 1919 ausgebrochenen Unabhängigkeitskrieg auf, als ein größerer Teil der Mitglieder einen britischen Kompromissvorschlag annehmen wollte – der britische König sollte z. B. auch Staatsoberhaupt des unabhängigen Irlands bleiben (wie z. B. auch in Australien) –, während der andere Teil der Mitglieder ihn vehement ablehnte. Die Befürworter des britischen Kompromisses gewannen im aus dieser Uneinigkeit resultierenden Bürgerkrieg (1923) die Oberhand. Von ihnen stammt die Partei Fine Gael finė gueel (Sippe der Gälen) ab. Die Gegner wurden nach den Jahren der Haft zu Realpolitikern und gründeten Fianna Fáil fiėnė fåil (Krieger Irlands), die in der Geschichte der Republik meistens die Regierung stellte und dann doch noch die meisten staatlichen Bindungen zu Großbritannien abschaffte.

Beide Parteien sind konservativ: Fianna Fáil ähnelt grob gesagt der CSU, Fine Gael der CDU. Die anderen Parteien (z. B. „Labour Party“, „Progressive Democrats“ usw.) übersetzen ihre Namen in irischen Texten.

Bank, Post & Telefonieren

In der Gaeltacht kann man in Banken und auf Postämtern unbesorgt Irisch sprechen. Es kann aber auch dort durchaus sein, dass ein Angestellter des Irischen nicht mächtig ist. Außerhalb der Gaeltacht weisen manchmal Schilder darauf hin, dass ein bestimmter Angestellter Irisch spricht. Rein theoretisch kann man in allen Postämtern der Republik Irisch sprechen, und manchmal liegen sogar Listen mit postspezifischem irischem Vokabular aus. In der Praxis werden die Angestellten von dem Versuch, mit ihnen Irisch zu sprechen, jedoch nicht gerade begeistert sein. Ich rate daher, auf Postämtern und Banken außerhalb der Gaeltacht nur dann Irisch zu sprechen, wenn ein Schild (z. B. Gaeilge agus fáilte) ausdrücklich darauf hinweist, dass der Angestellte dazu bereit ist.

Rein theoretisch ist das Irische in allen Lebensbereichen einsetzbar. In der Praxis jedoch sind die Gelegenheiten, Irisch zu sprechen, selten. Einfacher und üblicher ist es, Bank- und Postangelegenheiten auf Englisch abzuwickeln. Es gibt aber dennoch Möglichkeiten, auch hier sein Irisch auszuprobieren, wenn man will.

Bank

In der Gaeltacht sowie in den ländlichen Gebieten der Westküste sind Banken dünn gesät und Geldautomaten ebenfalls sehr selten. Oft versorgt ein Bankbus diverse Dörfer. Gibt es eine Bank, so ist sie in den meisten Fällen nur an ein paar Tagen in der Woche, und dann nur für einige Stunden geöffnet.

Übrigens führen immer wieder radikale Sprachaktivisten Kleinkriege gegen alle möglichen Institutionen, etwa weil sie keine Formulare auf Irisch bekommen, wie es laut Verfassung sein sollte.

Bank, Post & Telefonieren

Seit 2002 gilt in der Republik Irland der Euro, bis dahin war das Irische Pfund die Landeswährung. Euro wird wie im Englischen juro ausgesprochen, cent wie sent. Nach wie vor wird in Nordirland mit Pfund und Penny bezahlt.

punt *(m1,* puint*)*	punt	Pfund
pingin *(w2,* -í*)*	pinjin, piin	Penny
pingine	pinjinė, piinjė	Pence
z. B. **cúig phingine**	kuu'g finjinė	5 Pence
seic taistil *(m,* -eanna ...*)*	schek taschtil	Reisescheck
cárta baincéara *(m4,* -aí ...-aí*)*	kårtė bankeerė	Bankkarte
cárta creidmheasa *(m4,* -aí ...-aí*)*	kårtė kredvėsė	Kreditkarte

pingine *wird nach Zahlen benutzt.*

Ba mhaith liom an seic seo a bhriseadh.
ba wa l'om ė' schek scho' vrischė
wäre gut mit-ich der Scheck dieser zu Brechen
Ich möchte diesen Scheck einlösen.

Cé mhéad atá ar an bPunt Sasanach?
kee veed ėtå er ė' bunt sasėnė~~ch~~
was-die Menge die-ist auf das Pfund englisch
Wie viel ist das Pfund Sterling wert?

... ar Franc na hÉilvéise?
... er frank nė heelveeschė
... auf Franken die Schweiz[2]
... der Schweizer Franken?

Ba mhaith liom trí chéad bPunt Sasanach a mhalartú.
ba wa lʲom trii cheed bunt sasėnė~~ch~~ ė walėrtuu
wäre gut mit-ich drei hundert Pfund englisch zu Eintauschen
Ich möchte 300,- Pfund Sterling eintauschen.

auf der Post

Die irische Post trägt den einfachen Namen An Post ė' post, der nicht ins Englische übersetzt wird. In den Dörfern der Gaeltacht und auch anderswo auf dem Lande ist das Postamt oft in einen Laden integriert. Zusammen mit Brot und Butter kann man dann gleich seine Briefmarken kaufen.

oifig an phoist *(w, -í ...)*	ofig ė' foscht	Postamt
bosca litreacha *(w, -aí ...)*	boskė litrė~~ch~~ii	Briefkasten
litir *(w, litreacha)*	litir	Brief
stampa *(m4, -aí)*	stampė	Briefmarke

Ba mhaith liom an litir seo a chur chuig an Ghearmáin.
ba wa lʲom ė' litir scho' ~~ch~~ur ~~ch~~ig ė' jårėmåⁱn
wäre gut mit-ich der Brief dieser zu Schicken zu das Deutschland
Ich möchte diesen Brief nach Deutschland schicken.

Hoffentlich antwortet man Ihnen nicht mit:

Tá brón orm ach tá an Post ar stailc.
tå broon orėm a~~ch~~ tå 'n post er sta^{i}lk
ist Trauer bei-ich aber ist die Post auf Streik
Es tut mir leid, aber die Post streikt gerade.

Neben teileafón *existiert vor allem unter Dubliner* Gaeilgeoirí *(Irischsprechern) das Wort* guthán *(m1,* gutháin*)* guhån *(Telefon; abgeleitet von* guth *„Stimme“). Zudem stößt man auf die Abkürzung* fón foon.

telefonieren

Die Telefonzellen sind weiß-blau und tragen überall in variierender Schreibweise entweder die korrekte Aufschrift Teileafón (seltener) oder inkorrekterweise Telefón. Wie überall sind Handys mittlerweile weit verbreitet. Viele Irischsprecher verwenden das englische Wort mobile statt des neuirischen Wortes.

Telefon	**teileafón** *(m1,* -fóin*)*	telėfoon
Telefonzelle	**bosca teileafóin** *(m,* -aí ...*)*	boskė telėfoo^{i}n
Telefonkarte	**cárta teileafóin** *(m,* -aí ...*)*	kårtė telėfoo^{i}n
Handy	**guthán so-ghluaiste** *(m1,* gutháin ...*)*	guhån so~~chr~~luschtė

An bhfuil teileafón anseo?
ė' wil telėfoon ėnscho
FP ist Telefon hier
Gibt es hier ein Telefon?

An féidir liom úsaid a bhaint as an teileafón?
ė' feedir l^{i}om uusaid ė waint as ė' telėfoon
FP möglich mit-ich Benutzung zu Ernten aus das Telefon
Kann ich das Telefon benutzen?

Fotografieren

An féidir liom grianghraf a dhéanamh dhíot?
ė' feedir l'om griènc~~h~~raf ė jeenė jiit
FP möglich mit-ich Foto zu Machen von-du
Kann ich ein Foto von dir machen?

An féidir leat grianghraf a dhéanamh dhínn?
ė' feedir l'ät griènc~~h~~raf ė jeenė jiin
FP möglich mit-du Foto zu Machen von-wir
Kannst du ein Foto von uns machen?

Das Wort grianghraf (Foto; wörtl. „Sonnengraph“) ist übrigens das, was man in der Gaeltacht als „Book-Irish“ bezeichnet. Wird man nicht verstanden, kann man statt dessen auch pictiúr *(m1)* pikt'uur (Bild) einsetzen.

Rauchen

Zigarette	**toitín** *(m4, -í)*	totiin
Pfeife	**píopa tobac** *(m4, -aí ...)*	piipė tob<u>a</u>k
Tabak	**tobac** *(m4)*	tob<u>a</u>k
Streichholz	**lasán** *(m1,* lasáin*)*	lasån
Feuerzeug	**cipín** *(m4, -í)* / **lastóir** *(m, -í)*	kipiin / lastoo^{i}r

An gcaitheann tú tobac?
ė' gahėn tuu tob<u>a</u>k
FP verbrauchen du Tabak
Rauchst du?

An féidir tobac a chaitheamh anseo?
ė' feedir tob<u>a</u>k ė ~~ch~~ahė ėnsch<u>o</u>
FP möglich Tabak zu Verbrauchen hier
Kann man hier rauchen?

An bhfuil deargadh agat?
ė' wil d^{j}ärėgė agėt
FP ist Anzünden bei-du
Hast du Feuer?

Ná caitear tobac!
nå ka^{i}ter tob<u>a</u>k
nicht verbrauche-man Tabak
Rauchen verboten!

An gcuireann sé as dhuit má chaithim tobac?
ė' gu^{i}rėn schee as ~~ch~~rit må ~~ch~~ahim tob<u>a</u>k
FP stellen es aus zu-du wenn verbrauche-ich Tabak
Stört es dich, wenn ich rauche?

Toilette

Im Connacht-Irisch bezeichnet man die Toilette als teach an asail tjäch ėn asėil (Haus des Esels). In Ulster sagt man dagegen teach na gcearc tjäch nė gärk (Haus der Hühner).

leithreas *(m1)*	lerės	Toilette
Fir	fir	Herren
Mná	mrå	Damen
saor	s^{u}iir	frei
in áirithe	in årihė	besetzt
gallúnach *(w)*	galuunėch	Seife
tuáille *(m4,* tuáillí*)*	t^{u}å^{i}lė	Handtuch

Cá bhfuil an leithreas?
kå wil ė' lerės
wo ist die Toilette
Wo ist die Toilette?

An féidir liom an leithreas a úsáid?
ė' feedir l^{i}om ė' lerės 'uuså^{i}d
FP möglich mit-ich die Toilette zu Benutzen
Kann ich die Toilette benutzen?

Schimpfen & Fluchen

In einer fremden Sprache sollte man beim Gebrauch von Schimpfwörtern und Flüchen besonders aufpassen. Übrigens ist ein Großteil der Beschimpfungen ganz stark vom jeweiligen Dialekt abhängig und in keinerlei Wörterbuch zu finden – man erzählt den Sprachforschen eben auch nicht alles.

A óinsí!
'oonschii
Du Idiotin!

A amadáin!
'amėdå^{i}n
Du Idiot!

Mo sheacht mallacht!
mo hä~~ch~~t malė~~ch~~t
mein sieben Fluch
Jeden Fluch, den ich habe!

Dún do chlab!
duun do ~~ch~~lab
schließ deine Klappe
Halt die Klappe!

Téigh i dtigh diabhail!
teej i dii d^{j}au^{i}l
geh in Haus Teufel[2]
Geh zum Teufel!

Póg mo thoin!
poog mo ho^{i}n
küss mein Hintern
Leck mich am Arsch!

Gread leat!
gräd l^{j}ät
hau mit-du
Hau ab!

Die Dialekte

Munster-Irisch

Das Munster-Irisch war früher einmal der bei Lernern beliebteste Dialekt, auf dem auch die meisten Schulbücher basierten. Alte grammatikalische Formen sind im Munster-Irischen am stärksten bewahrt. Charakteristisch ist, dass die Betonung nicht immer auf der ersten Silbe liegt, sondern auf der Silbe mit dem langen Selbstlaut (Vokal). Das ist vermutlich ein Einfluss des von den Normannen gesprochenen Französischen. Die Normannen ließen sich im Mittelalter vor allem im Süden (also in Munster) nieder.

Connacht-Irisch

Zur Zeit der beliebteste Dialekt bei Lernern ist Connacht-Irisch. Es hat die meisten Muttersprachler und noch das aktivste Kulturleben in der Sprache, zumindest in Connemara. Oftmals spricht man deshalb auch von Connemara-Irisch. Beim Dialekt der schwachen Mayo-Gaeltacht handelt es sich vermutlich um vom Ulster-Dialekt beeinflusstes Connnacht-Irisch. Die Vorfahren der dortigen Bewohner sind einmal aus Ulster eingewandert.

Ulster-Irisch

Da Ulster-Irisch nur noch an einigen Orten in Donegal gesprochen wird, ist auch die Bezeichnung Donegal-Irisch sehr häufig. Teilweise ist der Dialekt Ulsters vom Schottisch-Gälischen beeinflusst. Bei den im 20. Jahrhundert ausgestorbenen Unterdialekten der Glens of Antrim und der Insel Rathlin (beides in Nordirland) ist es sogar unklar, ob man noch von Irisch sprechen kann oder schon von Schottisch-Gälisch sprechen muss.

Die Varianten des Gälischen heißen auf Irisch:

Connacht-Irisch	**Gaeilge Connacht**	g^ueelgė konė~~ch~~t
Munster-Irisch	**Gaeilge na Mumhan**	g^ueelgė nė muun
Ulster-Irisch	**Gaeilge Uladh**	g^ueelgė ulė
Irisch-Gälisch	**Gaeilge na hÉireann**	g^ueelgė nė heerėn
Schottisch-Gälisch	**Gaeilge na hAlban**	g^ueelgė nė halėbėn

Aussprache

Die Aussprache von verschiedenen Buchstabenkombinationen kann in den verschiedenen Dialekten unterschiedlich sein. Hier einige häufige Fälle:

	Schreibweise	Munster	Connacht	Ulster
	-amh	-ėw	-ė	-u
verbrauchen	**caitheamh**	kahėw	kahė	kahu
	-adh	-ė	-ė	-u
zerbrechen	**briseadh**	brischė	brischė	brischu
	-igh	-ig	-ė	-i
kaufen	**ceannaigh**	k^janig	k^jänė	k^jani
	-abh-	-au-	-au-	-oo-
Buch	**leabhar**	l^jaur	l^jaur	l^joor
	amh-	au-	oo-	oo-
Lied	**amhrán**	aurån	oorån	ooran

In Ulster werden im Prinzip lange Selbstlaute (á, é, í, ó, ú) in unbetonten Silben (d. h. nicht auf der ersten Silbe) kurz ausgesprochen, so auch das á in amhrán: ooran. In Munster hingegen fällt die Betonung auf die Silbe mit dem langen Selbstlaut, weshalb dieses Wort dort aurån ausgesprochen wird.

Charakteristisch für den Dialekt Ulsters ist noch, dass maith *(gut) als* „maj" *ausgesprochen wird.*

Grammatik

In Munster sind bei den Tätigkeitswörtern noch die alten zusammengesetzten Formen üblich, gemäß dem Muster tuigim (*verstehe-ich*). Die Endungen in der Gegenwart sind:

ich	**-im**	wir	**-imid**
du	**-ir**	ihr	**–**
er / sie / es	**–**	sie *(Mz)*	**-id**

Also:

táim	ich bin	**tuigim**	ich verstehe
táir	du bist	**tuigir**	du verstehst
táimid	wir sind	**tuigimid**	wir verstehen
táid	sie sind	**tuigid**	sie verstehen

In Ulster hört man bei der Verneinung manchmal statt ní und níor die aus Schottland stammende Form cha ~~ch~~a bzw. char ~~ch~~ar, die je nach der Region in der Donegal-Gaeltacht entweder leniert oder eklipsiert.

Beispiele:

Cha dtuigim Gearmáinis.
~~ch~~a d^{u}igim gärėmanisch
nicht verstehe-ich Deutsch
Ich verstehe kein Deutsch.

Char ól tú uisce beatha.
~~ch~~ar ool tuu ischkė bähė
nicht trankst du Wasser Leben[2]
Du trankst keinen Whiskey.

Ausdrücke und Redewendungen

Hier einige häufige Wörter, die in den drei Dialekten verschieden sind:

	Munster	Connacht	Ulster
Irisch	**Gaelainn** g^{u}eelin	**Gaeilge** g^{u}eelgė	**Gaeilic** g^{u}eelik
Tisch	**bord** bord	**bord** baurd	**tábla** taablė
Seife	**gallúnach** galuunė~~ch~~	**galaoireach** gal^{u}iirė~~ch~~	**sópa** soopė
wir	**sinn** schin	**muid** m^{u}id	**muid** m^{u}id
hören	**clois** klosch	**clois** klosch	**cluin** kl^{u}in
zahlen	**díol** diiėl	**íoc** iiėk	**íoc** iiėk
fähig	**ábalta** åbėltė	**in ann** in ån	**ábalta** aabėltė

In Ulster wie auch in Munster heißt es:

Tá mé ábalta Gearmáinis a labhairt.
taa mee aabėltė gärėmanisch ė loo'rt *(Ulster)*
tåmee åbėltė gärėmånisch ė lau'rt *(Munster)*
sein ich fähig Deutsch zu Sprechen
Ich kann Deutsch sprechen.

In Connacht ersetzt man ábalta einfach durch in ann.

In Ulster kann man zudem noch sagen:

Tig liom Gearmáinis a labhairt.
tig l'om gärėmanisch ė loo'rt
kommt mit-ich Deutsch zu Sprechen
Ich kann Deutsch sprechen.

Die Möglichkeit, „können" mit is féidir le ... *auszudrücken, gilt für alle Dialekte.*

Vokabular für den Dialektologen:

canúint *(w3, -í)*	kanuu'nt	Dialekt
caighdeán *(m1)*	kaidån	Standard

Cén chanúint é sin?
keen ~~ch~~anuu'nt ee schin
was-der Dialekt er dieser
Welcher Dialekt ist das?

An bhfuil sé sin sa gcaighdeán?
ė' wil schee schin sa gaidån
FP ist es dies in-der Standard
Ist das in der Standardsprache?

Irisch & Englisch

Nicht verwunderlich ist nach Jahrhunderten des gegenseitigen Kontakts, dass sich die beiden Sprachen des heutigen Irlands gegenseitig beeinflusst haben. So ist das irische Englisch, vor allem in ländlichen Gebieten, voller irischer Wörter und Satzmustern. Man hört z. B. oft das Wort craic kräk (Spaß):

How is the craic?
Was gibt's Neues? / Wie ist die Stimmung?

She's good craic.
Sie ist echt witzig.

Außerdem wird die irische Verkleinerungssilbe -ín -iin (-chen) an englische Wörter angehängt (und dann -een geschrieben):

What a nice little lambeen.
Was für ein schönes kleines Lämmchen.

Statt Do you speak Irish? (Sprechen Sie Irisch?) fragt man wie im Irischen Do you have Irish? oder Have you Irish? *(Haben Sie Irisch?).*

Von Sprachaktivisten werden Anglizismen jeglicher Art meist als Béarlachas beerlèchès *(abgeleitet von* Béarla, *dem Wort für das Englische) abgelehnt.*

Stärker noch ist heute aber der englische Einfluss auf die irische Sprache. Einerseits werden in der Gaeltacht moderne Begriffe nur auf Englisch gesagt, da sich meistens nur Lerner und städtische Gaeilgeoirí (Irischsprecher) die Mühe machen, im Wörterbuch die in Dublin geschaffenen modernen Begriffe herauszusuchen. Andererseits finden aber immer mehr englische Alltagswörter und ganze Satzfragmente ihren Weg in das Irisch der Gaeltacht.

Oh Lord.* Tá súil agam go bhfuil sé *alright.
o lord tå suu'l agėm go wil schee oolrait
o Herr ist Auge bei-ich dass ist er alles-gut
Oh Lord. Ich hoffe, dass er alright ist.
(Lieber Gott. Ich hoffe, dass es ihm gut geht.)

Tá mé *totally fed up* leis an *whole lot.*
tå mee toutäli fed ap lesch ė' houl lot
bin ich absolut gefüttert auf mit der ganze Haufen
Ich bin totally fed up mit dem whole lot.
(Ich habe sie alle total satt.)

Oft sind aber auch in Anglizismen Lenitionen und andere grammatische Regeln in Kraft:

***By dad!* Tá tú ar do *bhicycle* go fóill.**
bai dad tå tuu er do waisikl go foo'l
By dad! Du bist noch immer auf deinem bicycle.
(Unglaublich! Du bist ja noch immer auf deinem Fahrrad.)

An féidir leat é sin a *translate*' áil go Gaeilge?
ė' feedir l'ät ee schin ė translajtå'l go gueelgė
FP möglich mit-du es dies zu Übersetzen zu Irisch
Können Sie dies ins Irische übersetzen?

Tá mé ag *cycle*' áil.
tå mee'g saiklå'l
bin ich bei Fahrradfahren
Ich fahre mit dem Fahrrad.

Nun noch ein kleiner Tipp, der in keinem Lehrbuch steht, aber doch sehr hilfreich ist, um verständliches Kauderwelsch zu produzieren: Angenommen, man weiß nicht, dass aistriú *„übersetzen" heißt, wohl aber, dass „translate" das entsprechende englische Wort ist. In diesem Fall kann man einfach die Endsilbe* -áil -å'l *an das englische Wort hängen, und schon hat man ein (fast) irisches Tätigkeitshauptwort und zudem eine Lücke in seinem irischen Vokabular ausgeglichen.*

Geographische Begriffe

Der Name Dublin kommt übrigens von Dubh Linn *– „schwarzer Tümpel“. Die von den Wikingern gegründete Stadt umschloss auch bald den Ort* Baile Átha Cliath *– „Ortschaft an der Hürdenfurt“. Im Laufe der Zeit wurde erstere Form zum englischen, letztere zum irischen Namen der Stadt.*

In der Republik Irland sind Hinweisschilder generell auf Englisch und auf Irisch. Eine Ausnahme bildet die Gaeltacht, wo alle Schilder rein irischsprachig sind – sehr zur Verwirrung von Touristen, die „Clifden“ nicht finden, weil sie nicht wissen, dass es An Clochán heißt.

Elemente einiger irischer Ortsnamen

baile	ba'lė	Ortschaft	**dún**	duun	Festung
béal	beel	Mündung	**gleann**	gl'ån	Tal
cill	kil	Kirche	**loch**	lo~~ch~~	See
cluain	klu'n	Ebene	**ros**	ros	Wald
doire	do'rė	Eiche			

Counties

Cork	**Contae Chorcaí**	kondä ~~ch~~orkii
Donegal	**Contae Dhún na nGall**	kondä ~~ch~~ruun na ngål
Donegal (inoff.)	**Tír Chonaill**	tiir ~~ch~~onė'l
Galway	**Contae na Gaillimhe**	kondä nė galivė
Kerry	**Contae Chiarraí**	kondä chierii
Mayo	**Contae Mhaigh Eo**	kondä wejo
Meath	**Contae na Mí**	kondä nė mii
Waterford	**Contae Phort Láirge**	kondä fort lå'rėgė

Provinzen

Cúige Connacht	kuu^{i}gė konė~~ch~~t	Connaught
Cúige Laighean	kuu^{i}gė la^{j}n	Leinster
Cúige Mumhan	kuu^{i}gė muun	Munster
Cúige Uladh	kuu^{i}gė ulė	Ulster

Städte

Béal Átha Seanaidh	beel åhė schäni	Ballyshannon
Béal Feirste	beel ferschtė	Belfast
An Cheathrú Rua	ė' cheruu ruė	Carraroe
Caiseal	kaschėl	Cashel
An Clochán	ė' klo~~ch~~ån	Clifden
Cluain Meala	klu^{i}n m^{j}alė	Clonmel
Corcaigh	korkė	Cork
Doire	do^{i}rė, derė	Derry
An Daingean	ė' dengėn	Dingle
Dún na nGall	duun na ngål	Donegal
Baile Átha Cliath	ba^{i}lė å kliė, blå kliė	Dublin
Dún Laoghaire	duun l^{u}iirė	Dun Laoghaire
Dún Chaoin	duun ~~ch~~iin	Dunquin
Gaillimh	galiv, galjė	Galway
Gleann Cholm Cille	gl^{j}ån ~~ch~~olėm kilė	Glencolumbcille
Gleann Dá Loch	gl^{j}ån då lo~~ch~~	Glendalough
Cill Airne	kil a^{i}rnė	Killarney
Na Cealla Beaga	nė k^{j}alė b^{j}ogė	Killybegs
Luimneach	l^{u}imnė~~ch~~, l^{u}imrė~~ch~~	Limerick
Ros Láir	ros lå^{i}r	Rosslare
Sligeach	schligė~~ch~~	Sligo
Tiobraid Árann	tibriid årėn	Tipperary
Trá Lí	trå lii	Tralee

Waterford	**Port Láirge**	port låirėgė
Westport	**Cathair na Mart**	kahir nė mart
Wexford	**Loch Garman**	loch garmėn
Wicklow	**Cill Mhantáin**	kil wantåin

Inseln

Aran Islands	**Oileáin Árann**	ilåin årėn
Inishere	**Inis Oírr**	inisch iir, inis siir
Inishmaan	**Inis Meáin**	inisch mjåin
Inishmore	**Inis Mór**	inisch moor
Aranmore Island	**Árann Mhór**	årėn woor
Clare Island	**Cléire**	kleerė
Great Blasket Island	**An Blascaod Mór**	ė' blaskid moor
Inishbofin	**Inis Bó Finne**	inisch boo finė
Tory Island	**Toraigh**	tori

Gegenden

The Burren	**An Bhoireann**	ė' woirėn
Connemara	**Conamara**	konėmarė

Länder

Ländernamen sind stets weiblich. Vor Ländernamen steht fast immer der Artikel. Ausnahmen sind nur Irland, Schottland, England, Amerika und Kanada.

Éire eerė ist die Grundform von Irland. Die Form Éirinn eerin (ein erhalten gebliebener Dativ = 3. Fall) folgt nach Verhältniswörtern, z. B. in dem Ausdruck in Éirinn. Éireann eerėn ist hingegen der 2. Fall; er wird z. B. in Dáil Éireann (Unterhaus Irlands) angewendet. Der 2. Fall von Albain (Schottland) lautet Alban alėbėn.

Poblacht na hÉireann *(w)*	poblė~~ch~~t nė heerėn	Republik Irland
Tuaisceart na hÉireann *(m)*	tuėschkėrt nė heerėn	Nordirland
Meiriceá *(w4)*	merėkå	Amerika
An Bheilg *(w2)*	ė' velėg	Belgien
An Ghearmáin *(w2)*	ė' järėmåin	Deutschland
Sasana *(w4)*	sasėnė	England
An Fhrainc *(w2)*	ė' ränk	Frankreich
An Bhreatáin Mhór *(w)*	ė' vrätåin woor	Großbritannien
Ceanada *(w4)*	känėdė	Kanada
An Ísiltír *(w2)*	ėn iischėltiir	Niederlande
An Ostair *(w2)*	ėn ostėir	Österreich
Albain *(w)*	alėbėin	Schottland
An Eilvéis *(w2)*	ėn elveesch	Schweiz
An Bhreatáin Bheag *(w)*	ė' vrätåin vjog	Wales

Unregelmäßige Verben

Grundform	Gegenwart	Vergangenheit
abair	**deirim**	**dúirt mé**
abėir	derim	duuirt mee
sagen	ich sage	ich sagte
clois	**cloisim**	**chuala mé**
klosch	kloschim	~~ch~~uėlė mee
hören	ich höre	ich hörte
déan	**déanaim**	**rinne mé**
deen	deenim	rinė mee
machen	ich mache	ich machte
faigh	**faighim**	**fuair mé**
faj	fajim	fuėir mee
bekommen	ich bekomme	ich bekam
feic	**feicim**	**chonaic mé**
fek	fekim	~~ch~~onik mee
sehen	ich sehe	ich sah
ith	**ithim**	**d'ith mé**
i	ihim	di mee
essen	ich esse	ich aß
tabhair	**tugaim**	**thug mé**
tooir	togim	hug mee
geben	ich gebe	ich gab
tar	**tagaim**	**tháinig mé**
tar	tagim	hånig mee
kommen	ich komme	ich kam
téigh	**téim**	**chuaigh mé**
teej	teejm	~~ch~~ui mee
gehen	ich gehe	ich ging

Zukunft	Tätigkeits-hauptwort
déarfaidh mé	**rá**
deerhė mee	rå
ich werde sagen	Sagen
cloisfidh mé	**cloisteáil**
kloschhė mee	kloschtå'l
ich werde hören	Hören
déanfaidh mé	**déanamh**
deenhė mee	deenė
ich werde machen	Machen
gheobhaidh mé	**fáil**
johė mee	få'l
ich werde bekommen	Bekommen
feicfidh mé	**feiceáil**
fekhė mee	fekå'l
ich werde sehen	Sehen
iosfaidh mé	**ithe**
ishė mee	ihė
ich werde essen	Essen
tabhairfidh mé	**tabhairt**
too'rhė mee	too'rt
ich werde geben	Geben
tiocfaidh mé	**teacht**
t'okhė mee	t'ä~~eh~~t
ich werde kommen	Kommen
rachaidh mé	**dul**
ra~~eh~~ė mee	dul
ich werde gehen	Gehen

Literaturhinweise

Lehrbücher

Die hier aufgeführten Bücher sind nicht über den Reise Know-How Verlag zu beziehen! Bitte wenden Sie sich an Ihre Buchhandlung oder versuchen Sie es im Online-Handel.

Mícheál Ó Siadhail: „Lehrbuch der irischen Sprache", Helmut Buske Verlag, 3. Auflage, Hamburg 2004. *(Richtet sich stark nach dem Dialekt des bei Galway gelegenen Dorfes Spiddle. Sehr grammatikorientiert. CD erhältlich.)*

Arne A. Ambros & Theresa-Susanna Illés: „Sláinte! Irisch-Lehrbuch für den Selbstunterricht", Reichert Verlag, Wiesbaden 2006. *(Standardirisch. Sehr ausführliche Beschreibung der Grammatik, wie das erste Werk vor allem für Grammatikliebhaber zu empfehlen. Lösungsschlüssel mit Wörterverzeichnis muss separat gekauft werden. Leider keine CD erhältlich.)*

Niamh Leypoldt & Britta Schulze-Thulin: „Irisch für Anfänger", Helmut Buske Verlag, Hamburg 2013. *(Modern und praxisorientiert. Vermutlich für die meisten Lerner zugänglicher als die anderen beiden Lehrbücher. Richtet sich nach dem Connacht-Irischen, in Anlehnung an das Standardirische. CD erhältlich.)*

Grammatik

The Christian Brothers: „New Irish Grammar", C. J. Fallon, Dublin 1990. *(Ein klassisches Nachschlagewerk. Der fehlende Index macht das Suchen manchmal etwas schwierig.)*

Éamonn Ó Dónaill: „Teach Yourself Irish Grammar", Hodder & Stoughton, London 2005. *(Ein Grammatikkurs.)*

Wörterbücher

Thomas Feito Caldas & Clemens Schleicher: „Wörterbuch Irisch-Deutsch", Helmut Buske Verlag, Hamburg 1999. *(Dieses Werk ist nicht nur das einzige irisch-deutsche Wörterbuch, es sticht auch dadurch hervor, dass es bei allen Wörtern Angaben zur Aussprache enthält. Mit Hilfe des deutsch-irischen Index im Anhang kann man auch nachschlagen, was ein deutsches Wort auf Irisch heißt.)*

Focloir Póca: „English-Irish / Irish English Dictionary", An Gúm, Dublin 2002. *(Englisch-irisches Taschenwörterbuch, als einziges englisch-irisches Wörterbuch gibt es zu jedem Wort die Aussprache an.)*

über die irische Sprache

Brian Ó Cuív (Hrsg): „A View of the Irish Language", The Stationery Office, Dublin 1969. *(Nicht mehr ganz aktuell und nur noch antiquarisch erhältlich, aber nach wie vor lesenwert. Interessant geschriebene Aufsätze irischer Gelehrter zur Kulturgeschichte der Sprache.)*

Astrid Fieß & Lars Kabel: „Kulturschock Irland / Nordirland", Reise Know-How Verlag,. Bielefeld 2008. *(Buch zur Alltagskultur und Gesellschaft Irlands. Enthält mehrere Kapitel über die Geschichte, aktuelle Situation, Literatur und die Medien der irischen Sprache.)*

Internet

www.irisch-gaelisch.de
Infos zum Irischlernen, weiterführende Literatur, Links.

www.braesicke.de
Deutschsprachige Grammatik.

www.englishirish-dictionary.com
Online-Wörterbuch Irisch-Englisch und Englisch-Irisch.

www.irelandman.de
Kostenloser Irischkurs, der auf den Aufzeichnungen eines Kurses der VHS Dortmund beruht.

www.irlandforum.de/viewforum.php?f=16
Deutschsprachiges Forum für Lerner des Irischen und andere Interessierte

www.litriocht.ie
Buchversand für irischsprachige und auch andere in Irland erschienene Bücher.

Wortliste Deutsch – Irisch-Gälisch

Die Wortlisten enthalten einen Grundwortschatz von ca. 700 Wörtern. Alle Wörter in der Wortliste Deutsch – Irisch sind auch in Lautschrift angegeben. Folgende Abkürzungen werden verwendet:

m	*männlich*
w	*weiblich*
1,2,3,4	*Beugungsklasse*
K1	*Verb der Kategorie 1*
K2	*Verb der Kategorie 2*
K-u	*unregelmäßiges Wort*
TH	*Tätigkeitshauptwort*
...	*die folgenden Wörter lauten wie im zusammengesetzten Verb und werden auch so ausgesprochen.*

...(=P)	*anstelle der Pünktchen wird die handelnde Person eingesetzt.*
L!	*das folgende Wort wird leniert*
E!	*das folgende Wort wird eklipsiert*
A!/E!	*nach dem Wort folgt die abhängige Form, ansonsten wird eklipsiert*

A

Abend tráthnóna *trånoonė (m4)*
Abendessen dinnéar *dineer (m1)*
aber ach *a~~ch~~*
abreisen imigh *imė (K2); TH* imeacht *imė~~ch~~t*
Adresse seoladh *schoolė (m)*
Alkohol deoch meisciúil *dʲo~~ch~~ meschkʲuuᶦl (w)*
allein aonarach *eenėrė~~ch~~*
alles gach rud *ga~~ch~~ rud*
als (Vgl.) ná *nå;* **(zeitl.)** nuair a *nuėᶦr ė*
alt sean *schän*
Alter (Lebens-) aois *iisch (w2)*
Andenken cuimhneachán *kᵘivnä~~ch~~ån (m1)*
anfangen tosaigh *tosė (K2); TH* tosú *tosuu*
Angst faitíos *fatiiės (m1)*
anhalten stopaigh *stopė (K2); TH* stopadh *stopė*
ankommen tar *tar (K1-u)*
Ankunft teacht *tʲä~~ch~~t (m3)*
ansehen breathnaigh *bränė (K2); TH* breathnú *bränuu*
Antwort freagra *frägrė (m4)*
antworten freagair *frägėᶦr (K2); TH* freagairt *frägėᶦrt*
Apotheke cógaslann *koogėslėn (w2)*
arbeiten oibrigh *aibrė (K2); TH* obair *obėᶦr*
Arbeiter(in) oibrí *aibrii (m4)*
arm bocht *bo~~ch~~t*
Arzt dochtúir *do~~ch~~tuuᶦr (m3)*
auch freisin *freschėn*
auf ar *er*
aufhören (mit) cuir deireadh (le) *kuᶦr derė (lė); TH* cur deireadh *kur ...*
aufstehen éirigh *airė (K2); TH* éirí *airii*
aufwachen dúisigh *duuschė (K2); TH* dúiseacht *duuschė~~ch~~t*
aus as *as*
Ausgang bealach amach *bälė~~ch~~ ėma~~ch~~ (m1)*
ausgezeichnet thar cionn *har kiėn*

Auskunft oifig eolais *ofig oolèsch (w2)*
Ausländer strainséir *stranscheeʳ (m3)*; eachtrannach *ä~~ch~~trènè~~ch~~ (m1)*
ausländisch eachtrannach *ä~~ch~~trènè~~ch~~*
Aussprache blas *blas (m1)*
Ausstellung taispeántas *taspʲåntės (m1)*
Auto carr *kår (m1)*; gluaisteán *gluschtåʲn (m1)*
Autowerkstatt garáiste *garåschtė (m4)*

B

Badezimmer seomra folctha *schoomrė folkė (m4)*
Bahnhof stálslún traenach *ståschuun tränè~~ch~~ (m1)*
bald ar ball beag *er bål bʲog*
Bank (Geld) banc *bank (m1)*; **(Sitz-)** binse *binschė (m4)*
bauen tóg *toog (K1)*; *TH* tógáil *toogåʲl*
Bauer feirmeoir *ferėmʲooʳr (m3)*
Baum crann *krån (m1)*
beeilen, sich deifrigh *defrė (K2)*; *TH* deifriú *defrʲuu*
beenden críochnaigh *krii~~ch~~nė (K2)*; *TH* críochnú *krii~~ch~~nuu*
begegnen, sich cas *kas (K1)*; *TH* casadh *kasė*
begrüßen beannaigh do *bʲänii do (K2)*; *TH* beannú do *bʲänuu do*
bei ag *eg*
Beispiel sampla *samplė (m4)*
bekommen faigh *faj (K1-u)*
Belgien An Bheilg *ė' velėg (w2)*
Belgier(in) Beilgeach *belėgė~~ch~~ (m1)*
Berg sliabh *schliėw (m)*
Beruf ceird *kerd (w2)*
berühmt cáiliúil *kåʲlʲuuʲl*
Besitzer úinéir *uuʲneeʳr (m3)*
besser níos fearr *niis fʲår*
Besuch cuairt *kuėʳrt (w2)*
besuchen tabhair cuairt ar *tooʳr kuėʳrt er*; *TH* tabhairt ... *tooʳrt ...*
Besucher cuairteoir *kuėʳrtʲooʳr (m3)*
betrunken ar meisce *er meschkė*
Bett leaba *lʲäbė (w)*
Bettzeug córacha leapa *koorė~~ch~~ė lʲäpė (w)*
bevor roimh *riv*
Bier beoir *bʲooʳr (w)*
Bild pictiúr *piktʲuur (m1)*
billig saor *sᵘiir*
bis go dtí *go dii*
bisschen beagán *bʲägån*
Bitte iarratas *iėrėtės (m1)*
bitten iarr *iėr (K1)*; *TH* iarraidh *iėrė*
Blatt (Papier) píosa pápéir *piisė påpeeʳr (m)*
bleiben fan *fan (K1)*; *TH* fanacht *fanė~~ch~~t*
Blume bláth *blå (m3)*
Boot bád *båd (m1)*
Brauch nós *noos (m1)*
brauchen tá ... ó ... (=P) *tå ... oo (K2)*
breit leathan *lähėn*
brennen dóigh *dooj (K1)*; *TH* dó *doo*
Brief litir *litir (w)*
Briefmarke stampa *stampė (m4)*
Briefumschlag clúdach litreach *kluudė~~ch~~ litrė~~ch~~ (m)*
Brille spéaclaí *speeklii (m4)*
bringen tabhair *tooʳr (K1-u)*
Brot arán *arån (m1)*
Brücke droichead *drochėd (m4)*
Bruder deartháir *dʲärhåʳr (m)*
Buch leabhar *lʲaur (m1)*
Buchstabe litir *litir (w)*
bunt dathannach *dahènè~~ch~~*
Burg caisleán *kaschlʲån (m1)*
Büro oifig *ofig (w2)*
Bus bus *bus (m4)*

D

da ann *ån*
Dach díon *diièn (m1)*
damit (um zu) chun *~~ch~~un*
danach ina dhiaidh sin *inėje schin*

danke go raibh maith agat / agaibh *(Ez/Mz)* *go rė ma hagėt / hag^{u}iv*
dann ansin *ėnschin*
dass go *go (A!/E!)*;
d. nicht nach *na~~ch~~* *(A!/E!)*
Datum dáta *dåtė (m4)*
Decke (Bett) clúdach leapach *kluudė~~ch~~ l'äpė~~ch~~* *(m)*
denken smaoinigh *sm^{u}iinė (K2); TH* smaoineamh *sm^{u}iinė*
Denkmal dealbh *dälėw (w2)*
deutsch Gearmánach *gärėmånė~~ch~~*
Deutsch (Sprache) Gearmáinis *gärėmånisch (w2)*
Deutsche/r Gearmánach *gärėmånė~~ch~~*
Deutschland An Ghearmáin *ėn järėmå^{i}n (w)*
Dialekt canúint *kanuu^{i}nt (w3)*
dick ramhar *raur*
Ding rud *rud (m3)*
Diskothek club oíche *klub iichė (m)*; díosco *diisko (w4)*
Dorf baile beag *ba^{i}lė b^{i}og (w)*
dort ansin *ėnschin*
dumm dúr *duur*
dunkel dorcha *dorė~~ch~~ė*
dünn tanaí *tanii*
durch (quer) trí *trii*
Durst tart *tart (m3)*

E

echt fíor- *fiir (Vorsilbe)*
Ehefrau bean chéile *bän cheelė (w)*
Ehemann fear céile *fär keelė (m1)*
Ehepaar lánúin phósta *lånuu^{i}n foostė*
Ei ubh *uw (w2)*
Eimer buicéad *b^{u}ikeed (m1)*
einfach easca *äskė*
Eingang bealach isteach *bälė~~ch~~ ischt'ä~~ch~~ (m1)*
einige cúpla *kuuplė*
einladen cuir cuireadh ar *ku^{i}r ku^{i}rė er (K1)*; *TH* cur ... *kur ...*
Einladung cuireadh *k^{u}irė (m1)*
einmal uair amháin *uė^{i}r ėwån*
einverstanden (mit) sásta (le) *såstė (lė)*
Einwohner, die muintir na háite *m^{u}intir nė hå^{i}tė (m,Mz)*
Eis (Speise-) uachtar reoite *uė~~ch~~tėr roo^{i}tė (m)*
Eltern tuismitheoirí *t^{u}ischmëhoo^{i}rii (m,Mz)*
Ende deireadh *derė (m1)*
eng cúng *kuung*
England Sasana *sasėnė (w)*
Engländer(in) Sasanach *sasėnė~~ch~~ (m1)*
englisch Sasanach *sasėnė~~ch~~*
Englisch Béarla *beerlė (w)*
Enkel (der) garmhac *garwak (m1)*
Enkel (Mz.) clann clainne *klan kla^{i}nė*
Enkelin gariníon *gariniin (w2)*
entscheiden socraigh *sokrė (K2)*; *TH* socrú *sokruu*
Entschuldigung leithscéal *leschkeel (m1)*
erinnern, sich (an) is cuimhne le ... *(=P)* ar *is k^{u}ivnė lė ... er*
Erinnerung cuimhne *k^{u}ivnė (w4)*
Erlaubnis cead *käd (m3)*
erzählen inis *inisch (K2)*; *TH* insint *inschint*
essen ith *i (K1-u)*
Essen (Mahlz.) béile *beelė (m4)*
etwas rud *rud*

F

Fabrik monarcha *monėrė~~ch~~ė (w)*
Faden snáth *snå (m)*
Fähre bád farantóireachta *båd farėntoo^{i}rė~~ch~~tė (m)*
fahren tiomáin *t^{i}omå^{i}n (K2); TH* tiomáint *t^{i}omå^{i}nt*
Fahrkarte ticéad *tikeed (m1)*
Fahrplan clár ama *klår amė (m)*
Fahrrad rothar *rohėr (m1)*

falsch mícheart *miichärt*

Familie teaghlach *tailė~~ch~~* (m1)

Farbe dath *da* (m3)

faul (Obst) lofa *lofė*; **(träge)** leisciúil *lėschkiuuil*

Fehler botún *botuun* (m1)

Feier cóisir *kooschėr* (w2)

Feld garraí *garii* (m4)

Fenster fuinneoig *funjooig* (w2)

Ferien laethanta saoire *lähėntė suiirė* (m,Mz)

Fernsehgerät teilifíseán *telėfiischån* (m1)

fertig reidh *rej*

feucht fliuch *fliu~~ch~~*

Feuer tine *tinė* (w4)

Film scannán *skanån* (m1)

finden faigh *faj* (K1-u); TH fáil *fåil*

Fisch iasc *iėsk* (w2)

Flasche buidéal *budjeel* (m1)

Fleisch feoil *fjooil* (w3)

fleißig dícheallach *diichėlė~~ch~~*

fliegen eitil *etil* (K1); TH eitilt *etilt*

Flughafen aerphort *erfort* (m1)

Flugzeug eitleán *etljån* (m1)

Fluss abhainn *auin* (w)

Folklore béaloideas *beelodės* (m1)

Foto grianghraf *griėn~~ch~~raf* (m1)

Fotoapparat ceamara *kjämėrė* (m1)

fotografieren déan grianghraf *deen griėn~~ch~~raf*; TH déanamh … *deenė*

Frage ceist *kescht* (w2)

fragen cuir ceist *kuir kescht*; TH cur … *kur …*

Frau bean *bän* (w)

frei saor *suiir*

fremd strainséartha *stranscheerė*

Freude áthas *åhės* (m1)

freuen, sich tá áthas ar … *tå åhės er*

Freund(in) cara *karė* (m4)

freundlich cairdiúil *kairdjuuil*

Frieden síochán *schii~~ch~~ån* (w3)

frisch (Obst u. ä.) úr *uur*

fröhlich sona *sonė*

Frucht toradh *torė* (m1)

früh go luath *go luė*; **(morgens)** go moch *go mo~~ch~~*

Frühling earrach *ärė~~ch~~* (m1)

Frühstück bricfeasta *brikfästė* (m1)

Fuß: zu F. de chois *dė ~~ch~~osch*

G

Gabel forc *fork* (m1)

gälisch (kulturell) Gaelach *gueelė~~ch~~*

Gälisch (Sprache) Gaeilge *gueelgė* (w4)

ganz ar fad *er fad*; uilig *elig*

Garten gairdín *gairdiin* (m4)

Gast aoi *ii* (m4)

Gastgeber óstach *oostė~~ch~~* (m1)

Gebäck cáca *kåkė* (m4)

geben tabhair *tooir* (K1-u)

Geburtstag breithlá *brelå* (m)

gefährlich contúirteach *kontuuirtjė~~ch~~*

gegen in aghaidh *in aj*

Gegend ceantar *kjäntėr* (m1)

gegenüber os comhair *os kooir*

gehen téigh *teej* (K1-u)

Geld airgead *ärėgėd* (m1)

Gemüse glasraí *glasrii* (m,Mz)

gemütlich compordach *kompordė~~ch~~*

geradeaus díreach ar aghaidh *diirė~~ch~~ er aj*

Geschäft (Laden) siopa *schopė* (m4)

Geschenk bronntanas *brontėnės* (m1)

Geschichte (Erzählung) scéal *schkeel* (m1); **(Historie)** stair *stair* (w2)

Gespräch comhrá *koorå* (m4)

gestern inné *injee*

gesund sláintiúil *slåintjuuil*

Gesundheit sláinte *slåintė* (w4)

Getränk deoch *djo~~ch~~* (w)

Gewicht meáchan *mjå~~ch~~ėn* (m1)

Gewitter stoirm *sto^{i}rėm (w2)*
Glas (Trink-) gloine *gl^{u}inė (w2)*
glauben creid *kred (K1); TH* creidiúnt *kred'uunt*
Glück ádh *å (m)*
Gott dia *diė (m4)*
Gramm gram *gram (m1)*
Grammatik gramadach *gramėdė~~ch~~*
Gras féar *feer (m1)*
Greis seanfhear *schänär (m1)*
Greisin seanbhean *schänvän (w)*
Grenze teorainn *t'oorė^{i}n (w)*
groß mór *moor*
Großmutter seanmhathair *schänwåhė^{i}r*
Großvater seanáthair *schänåhė^{i}r (m)*
Gruppe dream *d'råm (m3)*
gut maith *ma*

H

Hafen (kleiner) cuan *kuėn (m1)*
Hälfte leath *lä (w2)*
halten stad *stad (K1); TH* stad *stad*
Haltestelle stad bus *stad bus (m)*
hart crua *kruė*
Haus teach *t'ä~~ch~~ (m)*
Hausfrau bean an tí *bän ė' tii (w)*
Hausherr fear an tí *fär ė' tii (m)*
heben ardaigh *ardė (K2); TH* ardú *arduu*
heiß te *tė*
helfen cabhraigh (le) *kaurė (lė) (K2); TH* cabhradh *kaurė*
hell geal *g'äl*
Herbst fómhar *foowėr (m1)*
heute inniu *in'u*
hier anseo *ėnscho*
Hilfe cabhair *kau^{i}r (w);* cuidiú *k^{u}id'uu (m)*
hinein isteach *ischt'ä~~ch~~*
hinter taobh thiar *t^{u}iiw hiėr*
hoch ard *ard*
Hochzeit bainis *banisch (w2)*
hoffen (auf) tá ... (=P) ag súil (le ...) *tå ... eg suu^{i}l (lė)*
höflich múinte *muu^{i}ntė*
Holz adhmad *aimėd (m1)*
hören clois *klosch (K1-u)*
Hotel óstán *oostån (m1)*
Hunger ocras *okrės (m1)*
hungrig (sein) tá ocras ar ... (=P) *tå okrės er ...*

I

immer i gcónaí *i goonii*
in (örtl.) i *i (E!);* **(zeitl.)** i gceann *i g'ån*
Insekt feithid *fehėd (w2)*
Insel oileán *ilån (m1)*
interessant spéisiúil *speeschuu^{i}l*
Interesse suim *s^{u}im (w2)*
interessieren, sich (für) tá suim ag ... (=P) i (E!) *tå s^{u}im eg ... i*
international idirnáisiúnta *idėrnåschuuntė*
Ire / Irin Éireannach *eerėnė~~ch~~ (m1)*
irisch Éireannach *eerėnė~~ch~~*
Irischsprecher Gaeilgeoir *g^{u}eelgoo^{i}r*
Irland Éire *eerė (w)*

J

jagen fiach *fiė~~ch~~ (K1); TH* fiach *fiė~~ch~~*
Jahr bliain *bliė^{i}n (w3)*
Jahreszeit seasúr *schäsuur (m1)*
jährlich gach bliain *ga~~ch~~ bliė^{i}n*
jeder gach duine *ga~~ch~~ d^{u}inė*
jedesmal gach uair *ga~~ch~~ uė^{i}r*
jemals ariamh *ėriėw*
jemand duine *d^{u}inė*
jetzt anois *ėnisch*
jung óg *oog*
Junge buachaill *buė~~ch~~ė^{i}l (m3)*

K

kalt fuar *fuėr*
kaputt briste *brischtė*
kaufen ceannaigh *k'änė (K2); TH* ceannach *k'änė~~ch~~*

Kind páiste *påschtė (m4)*
Kirche séipéal *scheepeel (m1)*
Kleidung éadaí *eedii (m)*
klein beag *bʲog*
klug cliste *klischtė*
kochen bruith *brᵘi (K1); TH* bruith
kommen tar *tar (K1-u)*
kompliziert casta *kastė*
können tá ... (=P) in ann *tå ... in ån*
Konzert ceolchoirm *kʲool~~eh~~oʲrėm (w2)*
kosten (Preis) cosnaigh *kosnė (K2)*
kostenlos saor in aisce *sᵘiir in eschkė*
krank tinn *tiin*
Krankenhaus ospidéal *ospideel (m1)*
Krankheit tinneas *tinės (m1)*
kühl fuar *fuėr*
Kunst dán *dån (m1)*
kurz gearr *gʲår*
küssen póg *poog (K1); TH* pógadh *poogė*

L

Laken bráillín *bråʲliin (m4)*
Lampe solas *solės (m1)*
Land tír *tiir (w2)*
Landkarte léarscáil *leerskåʲl (w2)*
Landschaft radharc tíre *rairk tiirė (m1)*
Landwirtschaft feirmeoireacht *ferėmʲooʲrė~~eh~~t (w3)*
lang fada *fadė*
langsam mall *mål*
langweilig leadránach *lʲädrånė~~eh~~*
laufen rith *ri (K1); TH* rith
laut ard *ard*
Leben saol *sᵘiil (m1)*
Lebensmittel bia *biė (m4)*
ledig singil *schingil*
leer folamh *folė*
legen cuir *cuʲr (K1); TH* cur *kur*
lehren múin *muuʲn (K1); TH* múineadh *muuʲnė*
Lehrer(in) múinteoir *muuʲntʲooʲr (m3)*
leicht (Gewicht) éadrom *eedrėm;* **(zu tun)** éasca *eeskė*
lernen foghlaim *foolėʲm (K2); TH* foghlaim
lesen léigh *leej (K1); TH* léamh *leew*
Leute pobal *pobėl (m1)*
Licht solas *solės (m1)*
Lied amhrán *orån (m1)*
links ar chlé *er chlee*
Loch poll *pol (m1)*
Löffel spúnóg *spuunoog (w2)*
lustig greannmhar *gʲränuur*

M

machen (tun) déan *deen (K1-u)*
Mädchen cailín *kaliin (m4)*
Mal: nächstes M. an chead uair eile *ė' cheed uėʲr elė*
malen péinteáil *peeʲntʲåʲl (K2); TH* péinteáil
Manager bainisteoir *banischtooʲr (m3)*
manchmal uaireanta *uėʲrėntii*
Mann fear *fär (m)*
Markt aonach *iinė~~eh~~ (m1)*
Medikament leigheas *lais (m1)*
Meer farraige *farėʲgė (w4)*
mehr tuilleadh *tᵘilė*
Menge (Quantität) méid *meed (m4)*
Mensch duine *dᵘinė (m4)*
Messer scian *schkiėn (w2)*
Miete cíos *kiis (m3)*
mieten tóg ar cíos *toog er kiis*
Minute nóiméad *noomeed (m1)*
mit le *lė*
Mode faisean *fäschėn (m1)*
Monat mí *mii (w)*
morgen amárach *ėmårė~~eh~~*
Morgen maidin *madin (w2)*
Motor mótar *mootėr (m1)*
Motorboot mótarbhád *mootėrwåd (m1)*
Motorrad gluaisrothar *gluėschrohėr (m1)*
müde tuirseach *tuʲrschä~~eh~~*

Müll truflais *truflėsch (w2)*
Museum iarsmalann *iėrsmėlėn (w2);* músaem *muusem (m1)*
Musik ceol *k^{j}ool (m1)*
müssen caithfidh *kahė*
Mutter máthair *måhė^{i}r (w)*

N

nach (zeitl.) tar éis *tar eesch;* **(Richtung)** chun *~~ch~~un*
Nachmittag tráthnóna *trånoonė (m4)*
Nachricht scéal *schkeel (m1)*
Nacht oíche *iichė (w4)*
nackt nocht *no~~ch~~t*
Nadel snáthaid *snåhė^{i}d (w2)*
nah in aice le ... *in ekė lė ...*
Name (bes. **Vor-**) ainm *anėm (m4);* **(Familien-)** sloinne *sl^{u}inė (m4)*
nass fliuch *fl^{i}u~~ch~~*
Natur dúlra *duulrė (m4)*
natürlich (n. künstlich) nádúrtha *nåduurhė*
neben in aice le ... *in ekė lė ...*
nehmen tóg *toog (K1); TH* tógáil *toogå^{i}l*
neu nua *nuė*
neugierig fiosrach *fisrė~~ch~~*
Niederlande An Ísiltír *ėn iischiltiir (w2)*
Niederländer/in Ollannach *olėnė~~ch~~ (m1)*
niedrig íseal *iischėl*
niemals ariamh *ėriėw*
noch fós *foos*
Norden tuaisceart *tuschkėrt (m1)*
normal nádúrtha *nåduurhė*
notwendig (dass / dass nicht) is gá go / nach *(A!/E!)* *is gå go / na~~ch~~*
Nummer uimhir *ivėr (w)*

O

ob go *go (A!/E!);* **o. nicht** nach *na~~ch~~ (A!/E!)*
oben thuas *huės*
Obst torthaí *torhii*
oder nó *noo*
öffnen oscail *oskė^{i}l*
oft go minic *go minik*
ohne gan *gan*
Onkel uncail *unkė^{i}l (m4)*
Ort áit *å^{i}t (w2)*
Osten oirthear *o^{i}rhėr (m1)*
Österreich An Ostair *ėn ostė^{i}r (w)*
Österreicher(in) Ostarach *ostėrė~~ch~~ (m1)*

P

paar (einige) péire *peerė*
Paar (Menschen) lánúin *lånuu^{i}n (w2)*
Paket beart *bärt (m1)*
Papier páipéar *påpeer (m1)*
Parlament dáil *då^{i}l (w3)*
Pass (Reise-) pas *pas (m4)*
Pause sos *sos (m3)*
Person duine *d^{u}inė (m4)*
Pflanze planda *plandė (m4)*
Politik polaitíocht *polėtiiė~~ch~~t (w3)*
Polizei garda *gardė (m4)*
Post(amt) oifig an phoist *ofig ė' foscht (w)*
Postkarte cárta poist *kårtė foscht (m)*
Preis praghas *prais (m1)*
privat privádach *privådė~~ch~~*
Problem fadhb *faib (w2)*
Programm clár *klår (m1)*
Prospekt bróisiúr *brooschuur (m1)*
Pub teach tábhairne *t^{j}ä~~ch~~ tåwė^{i}rnė (m)*
pünktlich in am *in am*

R

Radiogerät raidió *rad^{j}oo (m4)*
rauchen caith tobac *ka tobak (K1)*
rechts ar dheis *er jesch*
reden caintigh *ka^{i}ntii (K2); TH* caint *ka^{i}nt*
Regen báisteach *båschtė~~ch~~ (w2)*
Regenschirm scáth báistí *skå båschtii (m)*
reich saibhir *sevėr*
reif aibí *aibii*
Reise aistear *aschtėr (m1)*
reisen taistil *taschtil (K2); TH* taisteal *taschtėl*

rennen rith *ri (K1); TH* rith
reparieren deisigh *deschii (K2); TH* deisiú *deschuu*
Restaurant bialann *bièlèn (w2)*
richtig i gceart *i gjärt*
roh amh *aw*
Rucksack mála droma *målė dromė (m)*
rufen glaoigh (ar) *gluii (er) (K2); TH* glaoch *gluii~~ch~~*
Ruhe ciúnas *kjuunės (m1)*

S

sagen abair *abċir (K1 u)*
sammeln bailigh *balii (K2); TH* bailiú *bailjuu*
Sand gaineamh *gainė (m1)*
satt sách *så~~ch~~*
Satz (Sprache) abairt *abėirt (w2)*
sauber glan *glan*
säubern glan *glan (K1); TH* glanadh *glanė*
Schallplatte céirnín *kerniin (w4)*
Schere siosúr *schiisuur (m1)*
schicken (nach) cuir (chuig) *kuir (~~ch~~uig) (K1); TH* cur ... *kur ...*
Schiff long *long (w2)*
schlafen codail *kodail (K2); TH* codladh *kolė*
Schlafzimmer seomra codlata *schoomrė kolėtė (m)*
schlecht dona *donė*
Schlüssel eochair *oo~~ch~~ėir (w)*
schmackhaft blasta *blastė*
Schmerz pian *pièn (w2)*
Schmuck seodra *schoodrė (m4)*
schmutzig salach *salė~~ch~~*
schnell sciobtha *schkipuii*
schon cheana féin *hanėf heein*
schön álainn *ålėin*
Schotte Albanach *alėbėnė~~ch~~ (m1)*
schottisch Albanach *alėbėnė~~ch~~*
Schottland Albain *alėbėin (w)*
schreiben scríobh *schkriiw (K1); TH* scríobh
Schuh(e) bróg(a) *broog(ė) (w2)*
Schule scoil *skoil (w2)*
Schüler scoláire *skolåirė (m4)*
Schweiz An Éilvéis *ėn eelveesch (w)*
Schweizer/in Éilvéiseach *eelveeschė~~ch~~ (m1)*
schwer trom *trom*
Schwester deirfiúr *derėfuur (w)*
schwimmen snámh *snåw (K1); TH* snámh
See loch *lo~~ch~~ (m3)*
sehen feic *fek (K1-u)*
Seife gallúnach *galuunė~~ch~~ (w2)*
seit ó shin *oo hin (nachgestellt)*
selbst féin *heein*
selten annamh *anėw*
sicher (gewiss) cinnte *kintė;* **(ungefährlich)** sábhailte *såwailtė*
singen can *kan (K1); TH* canadh *kanė*
sitzen suí *suii (K1); TH* suí
so mar sin *mar schin*
sofort ar an bpointe *er ė' buintė*
Sohn mac *mak (m1)*
solch(e, -er, -es) mar sin *mar schin (nachgestellt)*
Sommer samhradh *saurė (m1)*
Sonne grian *grièn (w2)*
Spaß (Gaudi) craic *kräk (w2)*
spät déanach *deenė~~ch~~*
spazieren gehen siúil thart *schuuil hart (K2); TH* siúl ... *schuul ...*
Speisekarte biachlár *bie~~ch~~lår (m1)*
spielen imir *imėir (K2); TH* imirt *imėirt*
Sport spórt *spoort (m1)*
Sprache teanga *tängė (w4)*
sprechen labhair *lauir (K2); TH* labhairt *lauirt*
Stadt baile mór *bailė moor (m);* **(Groß-)** cathair *kahir (w)*
Standard-Irisch caighdeán na Gaeilge *kaidån nė gueelgė (m1)*
stark láidir *lådir*

stehen seas *schäs (K1); TH* seasamh *schäsė*
Stein cloch *klo~~ch~~ (w2)*
stellen (hin-) cuir *kuir (K1); TH* cur *kur*
Stift peann *pjån (m1)*
Stimme guth *gu (m3)*
Strand trá *trå (w4)*
Straße bóthar *boohėr (m1)*
Streichhölzer lasáin *lasåin (m1);* cipíní *kipiinii (m)*
Stunde uair *uėir (w2)*
suchen lorg *lorėg (K1); TH* lorg
Süden deisceart *deschkėrt (m1)*
süß milis *milisch*

T

Tabak tobac *tobak (m4)*
Tag lá *lå (m)*
täglich gach lá *ga~~ch~~ lå*
Tal gleann *gljån (m3)*
Tankstelle stáisiún peitril *ståschuun petril (m1)*
tanzen damhsaigh *dausė (K2); TH* damhsadh *dausė*
Tasche mála *målė (m4)*
Telefon teileafón *telėfoon (m1);* guthán *guhån (m1)*
telefonieren (mit) cuir glaoch (teilefóin) ar *kuir gluii~~ch~~ (telėfooin) er; TH* cur … *kur …*
teuer (Preis) daor *duiir*
tief domhain *dauin*
Tier ainmhí *änėvii (m4)*
Tochter iníon *iniin (w2)*
Tod bás *bås (m4)*
Toilette leithreas *lerės(m1)*
Toilettenpapier páipéar leithris *påpeer lerisch (m)*
Tradition traidisiún *tradischuun (m1)*
tragen iompair *ompėir (K2); TH* iompar *ompėr*
traurig brónach *broonė~~ch~~*
treffen (begegnen) cas (ar) *kas (er) (K1); TH* casadh *kasė*
Treppe staighre *stairė (m4)*
trinken ól *ool (K1); TH* ól
trocken tirim *tirim*
tschüss! slán! *slån*
tun déan *deen (K1-u); TH* déanamh *deenė*
Tür doras *dorės (m1)*
Turm túr *tuur (m1)*

U

üben cleacht *kläe~~ch~~t (K1); TH* cleachtadh *kläe~~ch~~tė*
über (örtl.) os comhair *os kooir*
überall ar fud na háite *er fud nė håitė*
übermorgen arú amárach *aruu'mårė~~ch~~*
übersetzen aistrigh *aischtrii (K2); TH* aistriú *aischtriuu*
übrig spártha *spårhė*
Uhr uaireadóir *uėirėdooir (m3)*
Umgebung timpeallacht *timpėlė~~ch~~t (w3)*
Umweg cor bealaigh *kor bälii (m1)*
Umwelt timpeallacht *timpėlė~~ch~~t (w3)*
und agus *agės;* is *is*
Unfall timpiste *timpischtė (w4)*
Universität ollscoil *olskoil (w2)*
unten thíos *hiis*
unter faoi *fuii*
Unterkunft lóistín *looschtiin (m4)*
Urlaub laethanta saoire *lähėntė suiirė (m,Mz)*

V

Vater áthair *åhėir (m)*
vergessen déan dearmad *deen djärmėd*
verirren, sich téigh ar strae *teej er strä (K1); TH* dul … *dul …*
verkaufen díol *diiul (K1); TH* díol
verlieren (Dinge) caill *kail (K1); TH* caileadh *kailė*
vermieten cuir ar cíos *kuir er kiis (K1); TH* cur … *kur …*
verstehen tuig *tig (K1); TH* tuiscint *tischkint*
versuchen iarr *iėr (K1); TH* iarradh *iėrė*
viel go leor *go ljoor*

vielleicht b'féidir go / nach *bee^{i}dir go / na~~ch~~* (A!/E!)
voll lán *lån*
von (örtl.) as *as*
vor os comhair *os koo^{i}r*
vorbereiten réitigh *reetii* (K2); TH réiteach *reetė~~ch~~*

W

wahr fíor *fiir*
während nuair *nuė^{i}r* (L!)
Wald coill *ko^{i}l* (w2)
Wand balla *balė* (m4)
wandern TH fánaíocht *fåniiė~~ch~~t*
warm te *tė*
warten fan *fan* (K1); TH fanacht *fanė~~ch~~t*
waschen nigh *ni* (K1); TH ní *nii*
Wasser uisce *ischkė* (m4)
wechseln athraigh *arii* (K2); TH athrú *aruu*
wecken dúisigh *duuschė* (K2); TH dúiseacht *duuschė~~ch~~t*
Weg bealach *bälė~~ch~~* (m1)
wegen mar gheall ar (L!) *mar jäl er*
weiblich baininscneach *baninschkėnė~~ch~~*
weil de bhrí *dė vrii* (+ go / nach)
weit i bhfad *i wad*
wenig beagán *b^{i}ogån*
wenn (zeitl.) nuair a *nuė^{i}r ė* (L!); **(falls)** má *må*
Westen iarthar *jėrhėr* (m1)
Wetter aimsir *ä^{i}mschir* (w2)
wichtig tábhachtach *tåwė~~ch~~tė~~ch~~*
wieder arís *ėriisch*
Wind gaoth *g^{u}ii* (w2)
Winter geimhreadh *givrė* (m1)
Woche seachtain *schä~~ch~~tėn* (w2)
wollen iarr *iėr* (K1); TH iarraidh *iėrė*
Wort focal *fokėl* (m1)
Wörterbuch foclóir *fokloo^{i}r* (m3)

Z

zahlen íoc *iik* (K1); TH íoc
zeigen taspáin *taspå^{i}n* (K2); TH taspáint *tåspa^{i}nt*
Zeit am *am* (m3)
Zeitung nuachtán *nuė~~ch~~tån* (m1)
Zentrum lár *lår* (m1)
Zigarette toitín *totiin* (m1)
Zimmer seomra *schoomrė* (m4)
zufrieden sásta *såstė*
zurück ar ais *er äsch*
zusammen in éineacht *in eenė~~ch~~t*
zuviel an iomarca *ėn umėkrė*
zwischen idir *idėr*

Wortliste Irisch-Gälisch – Deutsch

Aussprache und Tätigkeitshauptwörter bitte unter dem jeweiligen deutschen Wort nachschlagen!

A

abair *(K1-u)* sagen
abairt *(w2)* Satz (Sprache)
abhainn *(w)* Fluss
ach aber
ádh *(m)* Glück
adhmad *(m1)* Holz
aerphort *(m1)* Flughafen
ag bei
agus und
aibí reif
aimsir *(w2)* Wetter
ainm *(m4)* (Vor-)Name
ainmhí *(m4)* Tier
airgead *(m1)* Geld
aistear *(m1)* Reise
aistrigh *(K2)* übersetzen (Sprache)
áit *(w2)* Ort
álainn schön
Albain *(w)* Schottland
Albanach *(m1)* Schotte, schottisch
am *(m3)* Zeit
amárach morgen
amh roh
amhrán *(m1)* Lied
an chead uair eile nächstes Mal
An Bheilg *(w2)* Belgien
An Éilvéis *(w)* Schweiz
An Ghearmáin *(w)* Deutschland
an iomarca zuviel
An Ísiltír *(w2)* Niederlande
An Ostair *(w)* Österreich
ann da
annamh selten
anois jetzt
anseo hier
ansin dann; dort
aoi *(m4)* Gast
aois *(w2)* (Lebens-)Alter
aonach *(m1)* Markt
aonarach allein
ar auf
ar ais zurück
ar an bpointe sofort
ar ball beag bald
ar chlé links
ar dheis rechts
ar fad ganz
ar feadh während; für die Dauer von
ar fud na háite überall
ar meisce betrunken
arán *(m1)* Brot
ard laut; hoch
ardaigh *(K2)* heben
ariamh jemals; niemals
arís wieder
arú amárach übermorgen
as von (Ort); aus
áthair *(m)* Vater
áthas *(m1)* Freude
athraigh *(K2)* wechseln

B

b'féidir go / nach *(A!/E!)* vielleicht
bád *(m1)* Boot
bád farantóireachta *(m)* Fähre
baile beag *(w)* Dorf
baile mór *(m)* Stadt
bailigh *(K2)* sammeln
baininscneach weiblich
bainis *(w2)* Hochzeit
bainisteoir *(m3)* Manager
báisteach *(w2)* Regen
balla *(m4)* Wand
banc *(m1)* Bank (Geld)
bás *(m4)* Tod
beag klein
beagán wenig; ein bisschen
bealach *(m1)* Weg
bealach amach *(m1)* Ausgang
bealach isteach *(m1)* Eingang
béaloideas *(m1)* Folklore (mündl. überliefert)
bean *(w)* Frau
bean an tí *(w)* Hausfrau
bean chéile *(w)* Ehefrau
beannaigh do *(K2)* begrüßen
Béarla *(w)* Englisch (Sprache)
beart *(m1)* Paket

béile *(m4)* Essen (Mahlzeit)
Beilgeach *(m1)* Belgier(in), belgisch
beoir *(w)* Bier
bia *(m4)* Lebensmittel
biachlár *(m1)* Speisekarte
bialann *(w2)* Restaurant
binse *(m4)* (Sitz-)Bank
blas *(m1)* Aussprache
blasta schmackhaft
bláth *(m3)* Blume
bliain *(w3)* Jahr
bocht arm
bóthar *(m1)* Straße
botún *(m1)* Fehler
bráillín *(m4)* Laken
breathnaigh *(K2)* ansehen
breithlá *(m)* Geburtstag
bricfeasta *(m1)* Frühstück
briste kaputt
bróg *(w2)* Schuh
bróisiúr *(m1)* Prospekt
brónach traurig
bronntanas *(m1)* Geschenk
bruith *(K1)* kochen
buachaill *(m3)* Junge
buicéad *(m1)* Eimer
buidéal *(m1)* Flasche
bus *(m4)* Bus

C

cabhair *(w)* Hilfe
cabhraigh (le) *(K2)* helfen
cáca *(m4)* Gebäck
caighdeán na Gaeilge *(m1)* Standard-Irisch
cailín *(m4)* Mädchen
cáiliúil berühmt
caill *(K1)* verlieren (Dinge)
caintigh *(K2)* reden
cairdiúil freundlich
caisleán *(m1)* Burg
caith tobac *(K1)* rauchen
caithfidh müssen
can *(K1)* singen
canúint *(w3)* Dialekt
cara *(m4)* Freund(in)
carr *(m1)* Auto
cárta poist *(m)* Postkarte
cas (ar) *(K1)* treffen (begegnen)
cas *(K1)* sich begegnen
casta kompliziert
cathair *(w)* (Groß-)Stadt
cead *(m3)* Erlaubnis
ceamara *(m1)* Fotoapparat
ceannaigh *(K2)* kaufen
ceantar *(m1)* Gegend
ceird *(w2)* Beruf
céirnín *(w4)* Schallplatte
ceist *(w2)* Frage
ceol *(m1)* Musik
ceolchoirm *(w2)* Konzert
cheana féin schon
chun nach (Richtung); damit, um zu
cinnte sicher (gewiss)
cíos *(m3)* Miete
cipíní *(m)* Streichhölzer
ciúnas *(m1)* Ruhe
clann clainne Enkel (Mz)
clár *(m1)* Programm
clár ama *(m)* Fahrplan
cleacht *(K1)* üben
cliste klug
cloch *(w2)* Stein
clois *(K1-u)* hören
club oíche *(m)* Diskothek
clúdach leapach *(m)* Decke (Bett)
clúdach litreach *(m)* Briefumschlag
codail *(K2)* schlafen
cógaslann *(w2)* Apotheke
coill *(w2)* Wald
cóisir *(w2)* Feier
comhrá *(m4)* Gespräch
compordach gemütlich
contúirteach gefährlich
cor bealaigh *(m1)* Umweg
córacha leapa *(w)* Bettzeug
cosnaigh *(K2)* kosten (Preis)
craic *(w2)* Spaß
crann *(m1)* Baum
creid *(K1)* glauben
críochnaigh *(K2)* beenden
crua hart
cuairt *(w2)* Besuch
cuairteoir *(m3)* Besucher
cuan *(m1)* Hafen (klein)
cuidiú *(m)* Hilfe
cuimhne *(w4)* Erinnerung
cuimhneachán *(m1)* Andenken

Wortliste Irisch-Gälisch – Deutsch

cuir *(K1)* legen, (hin)stellen (Gegenstand); (**chuig**) schicken (nach)
cuir ar cíos *(K1)* vermieten
cuir ceist fragen
cuir cuireadh ar *(K1)* einladen
cuir deireadh (le) aufhören (mit)
cuir glaoch (teilefóin) ar telefonieren mit
cuireadh *(m1)* Einladung
cúng eng
cúpla einige

D

dáil *(w3)* Parlament
damhsaigh *(K2)* tanzen
dán *(m1)* Kunst
daor teuer (Preis)
dáta *(m4)* Datum
dath *(m3)* Farbe
dathannach bunt
de bhrí (+ **go** / **nach**) weil
de chois zu Fuß
dealbh *(w2)* Denkmal
déan *(K1-u)* machen, tun
déan dearmad vergessen
déan grianghraf fotografieren
déanach spät
deartháir *(m)* Bruder
deifrigh *(K2)* sich beeilen
deireadh *(m1)* Ende
deirfiúr *(w)* Schwester
deisceart *(m1)* Süden
deisigh *(K2)* reparieren
deoch *(w)* Getränk
deoch meisciúil *(w)* Alkohol
dia *(m4)* Gott
dícheallach fleißig
dinnéar *(m1)* Abendessen
díol *(K1)* verkaufen
díon *(m1)* Dach
díosco *(w4)* Diskothek
díreach ar aghaidh geradeaus
dochtúir *(m3)* Arzt
dóigh *(K1)* brennen
domhain tief
dona schlecht
doras *(m1)* Tür
dorcha dunkel
dream *(m3)* Gruppe
droichead *(m4)* Brücke
duine jemand
duine *(m4)* Mensch, Person
dúisigh *(K2)* wecken, aufwachen
dúlra *(m4)* Natur
dúr dumm

E

eachtrannach *(m1)* Ausländer, ausländisch
éadaí *(m)* Kleidung
éadrom leicht (Gewicht)
earrach *(m1)* Frühling
éasca leicht (zu tun), einfach
Éilvéiseach schweizerisch
Éilvéiseach *(m1)* Schweizer(in), schweizerisch
Éire *(w)* Irland
Éireannach *(m1)* Ire, Irin, irisch
éirigh *(K2)* aufstehen
eitil *(K1)* fliegen
eitleán *(m1)* Flugzeug
eochair *(w)* Schlüssel

F

fada lang
fadhb *(w2)* Problem
faigh *(K1-u)* bekommen; finden
faisean *(m1)* Mode
faitíos *(m1)* Angst
fan *(K1)* warten; bleiben
fánaíocht *(TH)* wandern
faoi unter
farraige *(w4)* Meer
fear *(m)* Mann
fear an tí *(m)* Hausherr
fear céile *(m1)* Ehemann
féar *(m1)* Gras
feic *(K1-u)* sehen
féin selbst
feirmeoir *(m3)* Bauer
feirmeoireacht *(w3)* Landwirtschaft
feithid *(w2)* Insekt
feoil *(w3)* Fleisch
fiach *(K1)* jagen
fíor wahr, echt
fiosrach neugierig
fliuch nass, feucht
focal *(m1)* Wort
foclóir *(m3)* Wörterbuch
foghlaim *(K2)* lernen
folamh leer
fómhar *(m1)* Herbst
forc *(m1)* Gabel

fós noch
freagair *(K2)* antworten
freagra *(m4)* Antwort
freisin auch
fuar kalt, kühl
fuinneoig *(w2)* Fenster

G

gach bliain jährlich
gach duine jeder
gach lá täglich
gach rud alles
gach uair jedesmal
Gaeilge *(w4)* Gälisch, Irisch (Sprache)
Gaeilgeoir *(m3)* Irischsprecher
Gaelach gälisch (kulturell)
Gaeltacht *(w3)* irischsprachiger Distrikt
gaineamh *(m1)* Sand
gairdín *(m4)* Garten
gallúnach *(w2)* Seife
gan ohne
gaoth *(w2)* Wind
garáiste *(m4)* Autowerkstatt
garda *(m4)* Polizei
gariníon *(w2)* Enkelin
garmhac *(m1)* Enkel
garraí *(m4)* Feld
geal hell
Gearmáinis *(w2)* Deutsch (Sprache)
Gearmánach *(m1)* Deutsche(r), deutsch
gearr kurz
geimhreadh *(m1)* Winter
glan sauber; *(K1)* säubern
glaoigh (ar) *(K2)* rufen, schreien
glasraí (m,Mz) Gemüse
gleann *(m3)* Tal
gloine *(w2)* (Trink-)Glas
gluaisrothar *(m1)* Motorrad
gluaisteán *(m1)* Auto
go *(A!/E!)* dass; ob
go dtí bis
go leor viel
go luath früh
go minic oft
go moch früh (morgens)
go raibh maith agat / agaibh danke
gramadach *(w2)* Grammatik
greannmhar lustig
grian *(w2)* Sonne
grianghraf *(m1)* Foto
guth *(m3)* Stimme
guthán *(m1)* Telefon

I

i *(E!)* in (Ort)
i bhfad weit
i gceann in (zeitl.)
i gceart richtig
i gcónaí immer
iarr *(K1)* wollen; versuchen; bitten
iarratas *(m1)* Bitte
iarsmalann *(w2)* Museum
iarthar *(m1)* Westen
iasc *(w2)* Fisch
idir zwischen
idirnáisiúnta international
imigh *(K2)* abreisen
imir *(K2)* spielen
in aghaidh gegen
in aice le ... nah; neben
in am pünktlich
in eineacht zusammen
ina dhiaidh sin danach
iníon *(w2)* Tochter
inis *(K2)* erzählen
inné gestern
inniu heute
íoc *(K1)* zahlen
iompair *(K2)* tragen
is und
is cuimhne le ... ar sich erinnern (an)
is gá go / nach *(A!/E!)* notwendig sein (dass / dass nicht)
íseal niedrig
isteach hinein
ith *(K1-u)* essen

L

lá *(m)* Tag
labhair *(K2)* sprechen
laethanta saoire *(m)* Urlaub, Ferien
láidir stark
lán voll
lánúin *(w2)* Paar (verheiratet / verlobt)
lánúin phósta *(w)* Ehepaar
lár *(m1)* Zentrum
lasáin *(m1)* Streichhölzer
le mit
leaba *(w)* Bett
leabhar *(m1)* Buch

leadránach langweilig
léarscáil *(w2)* Landkarte
leath *(w2)* Hälfte
leathan breit
léigh *(K1)* lesen
leigheas *(m1)* Medikament
leisciúil faul, träge
leithreas *(m1)* Toilette
leithscéal *(m1)* Entschuldigung
litir *(w)* Buchstabe; Brief
loch *(m3)* See
lofa faul (Obst)
lóistín *(m4)* Unterkunft
long *(w2)* Schiff
lorg *(K1)* suchen

M

má wenn (falls)
mac *(m1)* Sohn
mac léinn *(m)* Student
maidin *(w2)* Morgen
maith gut
mála *(m4)* Tasche
mála droma *(m)* Rucksack
mall langsam
mar gheall ar *(L!)* wegen
mar sin so, solch(e,-er,-es)
máthair *(w)* Mutter
meáchan *(m1)* Gewicht
méid *(m4)* Menge (Quantität)
mí *(w)* Monat
mícheart falsch
milis süß
monarcha *(w)* Fabrik
mór groß
mótar *(m1)* Motor
mótarbhád *(m1)* Motorboot
múin *(K1)* lehren
múinte höflich
múinteoir *(m3)* Lehrer(in)
muintir na háite *(m,Mz)* Einwohner
músaem *(m1)* Museum

N

ná als (Vgl.)
nach *(A!/E!)* dass nicht, ob nicht
nádúrtha natürlich, normal
nigh *(K1)* waschen
níos fearr besser
nó oder
nocht nackt
nóiméad *(m1)* Minute
nós *(m1)* Brauch
nua neu
nuachtán *(m1)* Zeitung
nuair *(L!)* während, als (zeitl.)

O

ó shin seit
ocras *(m1)* Hunger
óg jung
oibrí *(m4)* Arbeiter(in)
oibrigh *(K2)* arbeiten
oíche *(w4)* Nacht
oifig *(w2)* Büro
oifig an phoist *(w2)* Post(amt)
oifig eolais *(w2)* Auskunft (Büro)
oileán *(m1)* Insel
oirthear *(m1)* Osten
ól *(K1)* trinken
Ollanais *(w2)* Niederländisch
Ollannach *(m1)* Niederländer(in), niederländisch
ollscoil *(w2)* Universität
os comhair vor, gegenüber, über (örtl.)
oscail *(K2)* öffnen
ospidéal *(m1)* Krankenhaus
óstach *(m1)* Gastgeber
óstán *(m1)* Hotel
Ostarach *(m1)* Österreicher(in), österreichisch

P

páipéar *(m1)* Papier
páipéar leithris *(m1)* Toilettenpapier
páiste *(m4)* Kind
pas *(m4)* (Reise-)Pass
peann *(m1)* Stift
péinteáil *(K2)* malen
péire ein paar (einige)
pian *(w2)* Schmerz
pictiúr *(m1)* Bild
píosa *(m4)* Stück
píosa pápéir *(m4)* Blatt Papier
planda *(m4)* Pflanze

pobal *(m1)* Leute
póg *(K1)* küssen
polaitíocht *(w3)* Politik
poll *(m1)* Loch
praghas *(m1)* Preis
príobháideach privat

R

radharc tíre *(m1)* Landschaft
raidió *(m4)* Radiogerät
ramhar dick
reidh fertig
réitigh *(K2)* vorbereiten
rith *(K1)* laufen, rennen
roimh bevor
rothar *(m1)* Fahrrad
rud etwas; *(m3)* Ding

S

sábhailte sicher (ungefährlich)
sách satt
saibhir reich
salach schmutzig
samhradh *(m1)* Sommer
sampla *(m4)* Beispiel
saol *(m1)* Leben
saor frei, billig
saor in aisce kostenlos
Sasana *(w)* England
Sasanach *(m1)* Engländer(in), englisch
sásta zufrieden; **(le)** einverstanden (mit)
scannán *(m1)* Film
scáth báistí *(m)* Regenschirm
scéal *(m1)* Geschichte (Erzählung), Nachricht
scian *(w2)* Messer
sciobtha schnell
scoil *(w2)* Schule
scoláire *(m4)* Schüler
scríobh *(K1)* schreiben
seachtain *(w2)* Woche
sean alt
seanáthair *(m)* Großvater
seanbhean *(w)* Greisin
seanfhear *(m1)* Greis
seanmhathair *(w)* Großmutter
seas *(K1)* stehen
seasúr *(m1)* Jahreszeit
séipéal *(m1)* Kirche
seodra *(m4)* Schmuck
seoladh *(m)* Adresse
seomra *(m4)* Zimmer
seomra codlata *(m)* Schlafzimmer
seomra folctha *(m)* Badezimmer
singil ledig
síochán *(w3)* Frieden
siopa *(m4)* Geschäft (Laden)
siosúr *(m1)* Schere
siúil thart *(K2)* spazierengehen
sláinte *(w4)* Gesundheit
sláintiúil gesund
slán! tschuss!
sliabh *(m)* Berg
sloinne *(m4)* Familienname
smaoinigh *(K2)* denken
snámh *(K1)* schwimmen
snáth *(m)* Faden
snáthaid *(w2)* Nadel
socraigh *(K2)* entscheiden
solas *(m1)* Licht, Lampe
sona fröhlich
sos *(m3)* Pause
spártha übrig
spéaclaí *(m4)* Brille
spéisiúil interessant
spórt *(m1)* Sport, Spaß
spúnóg *(w2)* Löffel
stad *(K1)* halten
stad bus *(m)* Haltestelle
staighre *(m4)* Treppe
stair *(w2)* Geschichte (Historie)
stáisiún peitril *(m1)* Tankstelle
stáisiún traenach *(m1)* Bahnhof
stampa *(m4)* Briefmarke
stoirm *(w2)* Gewitter
stopaigh *(K2)* anhalten
strainséir *(m3)* Ausländer, Fremder
strainséartha fremd
suí *(K1)* sitzen
suim *(w2)* Interesse

T

tá ... *(=P)* **in ann** können
tá ... *(=P)* **ag súil (le ...)** hoffen (auf)
tá ... ó ... *(−P)* brauchen
tá áthas ar ... *(=P)* sich freuen
tá ocras ar ... *(=P)* hungrig (sein)
tá suim ag ... *(=P)* **i** *(E!)* sich interessieren (für)

tábhachtach wichtig
tabhair *(K1-u)* geben; bringen
tabhair cuairt ar besuchen (Person)
taispeántas *(m1)* Ausstellung
taistil *(K2)* reisen
tanaí dünn
taobh thiar hinter
tar *(K1-u)* (an)kommen
tar éis nach
tart *(m3)* Durst
taspáin *(K2)* zeigen
te warm, heiß
teach *(m)* Haus
teach tábhairne *(m)* Pub, Kneipe
teacht *(m3)* Ankunft
teaghlach *(m1)* Familie
teanga *(w4)* Sprache
téigh *(K1-u)* gehen
téigh ar strae *(K1)* sich verirren
teileafón *(m1)* Telefon
teilifíseán *(m1)* Fernsehgerät
teorainn *(w)* Grenze
thar cionn ausgezeichnet
thíos unten
thuas oben
ticéad *(m1)* Fahrkarte
timpeallacht *(w3)* Umgebung, Umwelt
timpiste *(w4)* Unfall
tine *(w4)* Feuer
tinn krank
tinneas *(m1)* Krankheit
tiomáin *(K2)* fahren
tír *(w2)* Land
tirim trocken
tobac *(m4)* Tabak
tóg *(K1)* nehmen; bauen
tóg ar cíos mieten
toitín *(m1)* Zigarette
toradh *(m1)* Frucht
torthaí Obst
tosaigh *(K2)* anfangen
trá *(w4)* Strand
traidisiún *(m1)* Tradition
tráthnóna *(m4)* Abend, Nachmittag
trí (quer) durch
trom schwer
truflais *(w2)* Müll
tuig *(K1)* verstehen
tuilleadh mehr
tuirseach müde
tuaisceart *(m1)* Norden
tuismitheoirí *(m,Mz)* Eltern
túr *(m1)* Turm

U

uachtar reoite *(m)* (Speise-)Eis
uair *(w2)* Stunde
uair amháin einmal
uaireadóir *(m3)* Uhr
uaireanta manchmal
ubh *(w2)* Ei
uilig ganz
uimhir *(w)* Nummer
úinéir *(m3)* Besitzer
uisce *(m4)* Wasser
uncail *(m4)* Onkel
úr frisch (Obst u. ä.)

sound trip®
in cooperation with
piranha
Musik im
Reise Know-How Verlag
Reise Know-How
East Africa
Northern Africa
South Africa
The Andes
Argentina
Australia
The Balkans
Baltic States
Barbados
Oriental Belly Dance
Northeast Brazil
Canada
Chile
China
Colombia
Cuba
Finland
Iceland
India
Ireland
Israel
Japan
Mexico
New Zealand
Norway
Russia, St. Petersburg
Scotland
Switzerland
Turkey
Uruguay
Die Compilations der CD-Reihe sound trip stellen aktuelle, typische Musik eines Landes oder einer Region vor.
Im Buchhandel erhältlich | Unverbindl. Preisempf.: EURO 15,90 [D]
Kostenlose Hörprobe im Internet
www.reise-know-how.de

Der Autor

Lars Kabel, Jahrgang 1969, begann 1990 in An Cheathrú Rua (Connemara) Irisch zu lernen, studierte dann an der Universität Freiburg neben Volkskunde / Europäischer Ethnologie auch Keltologie und verbrachte ein Studienjahr in Galway und eines in Belfast, wo er über die irische Sprachbewegung der Stadt forschte. Nach dem Studium unterrichtete er Deutsch an der Universität Limerick und Europäische Ethnologie an der Universität Freiburg.

Seit 2006 arbeitet Lars Kabel als Fremdsprachenlehrer an einer Sekundarschule in England. Gemeinsam mit Astrid Fieß schrieb er den Band „Irland / Nordirland" der im Reise Know-How Verlag erschienenen Kulturschock-Reihe.

Tá mé an-bhuíoch leis na daoine a leanas as an gcúnamh a bhfuair mé uathu: Astrid Fieß, Dorothy Ní Uigín, Almut Grzybowski, Máirtín Ó Briain, Eva Große-Siestrup, Mícheál Ó Dónaill, Michael Wälde, Breandán Ó Mearáin, Stefan Tröster, Séamas 'Óg' Donnely, Stephan Baitz, Eugen Scholz, mo chuid muinteoirí Gaeilge agus lucht Gaelic-L.